"슬기로운 법인 컨설팅" 이 필요한

_____ 님께

최신 슬기로운 법인 컨설팅
한 권으로 끝내는 개인 사업자 법인기업의 세금 필독서

초판 1쇄 발행 2023년 1월 6일
개정판 1쇄 발행 2024년 1월 20일

지은이 정원덕, 정세윤
펴낸이 장길수
펴낸곳 지식과감성#
출판등록 제2012-000081호

교정 전송현, 서은영
디자인 이현
편집 이현
마케팅 정연우

주소 서울시 금천구 벚꽃로298 대륭포스트타워6차 1212호
전화 070-4651-3730~4
팩스 070-4325-7006
이메일 ksbookup@naver.com
홈페이지 www.knsbookup.com

ISBN 979-11-392-1595-3(13320)
값 18,000원

• 이 책의 판권은 지은이에게 있습니다.
• 이 책 내용의 전부 또는 일부를 재사용하려면 반드시 지은이의 서면 동의를 받아야 합니다.
• 잘못된 책은 구입하신 곳에서 바꾸어 드립니다.

지식과감성#
홈페이지 바로가기

개정판

한 권으로 끝내는
개인 사업자 법인기업의 세금 필독서

최신
슬기로운
법인 컨설팅

법인 컨설팅
베스트 셀러

경영학 박사, 경영지도사 **정원덕**
세무사 **정세윤**

지식공감

목차

프롤로그   6

1부 개인사업자 시작
01 사업자등록증 만들기   12
02 개인사업자와 법인기업 선택   17
03 간이과세자와 일반과세자 선택   21
04 사업용 신용카드, 사업용 계좌, 현금영수증   25

2부 법인전환 컨설팅
01 법인전환이 필요한 이유 3가지   32
02 성실신고 확인제도   36
03 법인전환을 망설이는 이유 5가지   40
04 법인전환 방법   46
05 영업권의 활용   51
06 현물출자 법인전환   55
07 사례별 법인전환 방법   60

3부 법인전환에 따른 절세효과
01 소득세 개요   64
02 분류과세와 분리과세   69
03 종합소득세 절세   75
04 법인기업의 절세 최적화 방안   81

4부 법인설립
01 법인을 설립할 때 결정해야 할 내용   88
02 사례에 따른 적정한 자본금 설정   97
03 가족법인으로 설립하기   102
04 과점주주와 차명주주   108
05 신설하는 법인의 정관 작성   112

5부 법인의 성장전략

- 01 경영자의 회사 재무현황 파악 … 118
- 02 재무비율 분석 … 122
- 03 정관 정비 … 127
- 04 노무 시스템 정비 … 132
- 05 사내근로복지기금 … 143

6부 법인의 위험관리전략

- 01 가지급금 … 150
- 02 명의신탁주식 … 164
- 03 미처분이익잉여금 … 177

7부 CEO보상전략

- 01 CEO플랜과 보험 … 186
- 02 임원의 급여와 상여 … 191
- 03 임원의 퇴직금 … 195
- 04 주주의 배당 전략 … 205
- 05 자기주식취득 … 209

8부 경영인 정기보험

- 01 순수보장성 정기보험의 구조 … 220
- 02 종신보험과 정기보험 비교 … 225
- 03 경영인 정기보험의 장점 5가지 … 232
- 04 보험료 비용처리에 대한 쟁점 … 239

9부 국세청이 권하는 상속세 절세

- 01 일반 서민층은 상속세 걱정 없다 … 250
- 02 사망하기 전 재산을 마음대로 처분하지 마라 … 255
- 03 증여재산공제를 활용해라 … 259
- 04 손주에게 상속해라 … 262

프롤로그

　오늘도 지친 몸을 이끌고 KTX를 탄다. 새벽 5시에 일어나 급하게 노트북을 챙겨 집을 나선다. 미리 불러 둔 택시가 아파트 입구에서 기다리고 있다. 부산역에 도착하여 커피 한 잔을 들고 기차를 탔다. 기차는 바깥의 찬 공기와는 다르게 따스하다. 갑자기 피곤이 몰려와 깜빡 잠이 들었다. 주위의 소란스러움에 눈을 뜨니 동대구역이었다. 잠깐이었지만 에너지가 충전된 듯하다. 가방 속 노트북을 꺼내 전원을 켠다.

　나는 중소기업 경영 컨설팅을 직업으로 한다. 경영학 박사이며 경영지도사로 기업 CEO에게 지속 가능한 경영 방향을 제시한다. 각 기업이 처한 상황에 맞춘 성장전략, 위험관리전략, 보상전략을 단기, 장기 계획으로 수립하여 CEO에게 제안하는 일을 20년 동안 하고 있다. 상담한 회사만 3,000곳이 넘는다.

　상담하는 중소기업 CEO들은 다양한 고민이 있다. 그 고민의 공통점은 '이익 극대화'다. 이익이 발생해야만 종업원에게 더 좋은 일자리를 제공하고 대표는 더 많은 급여를 가져가고 회사는 더 큰 성장을 한다. 많은 이익을 내기 위해서는 '세금'의 벽을 넘어서야 한다. 적법한 절세를 위한 기업경영의 틀을 만들어야 한다.

이 책은 개인 사업을 하는 소규모 사장님들의 소득세 절세와 성실신고확인대상자에 해당하는 사업체에서 가장 많이 고민하는 법인전환에 대한 명쾌한 해답을 제시하고 있다. 법인전환을 왜 해야 하는지, 법인전환을 한다면 어떻게 해야 하는지, 법인전환을 통한 최적의 절세 방안은 어떻게 구성할지를 설명하고 있다. 또한, 법인기업을 운영하는 CEO가 반드시 알아야 하는 임원, 주주로서의 보상 방법을 상법, 법인세법, 소득세법을 토대로 전략을 마련하였다. 아울러 법인기업 대다수가 가입하는 금융상품 '경영인 정기보험'의 보험료 비용(손금)처리 부분을 대법원 판례를 통하여 일목요연하게 정리하였다.

　이러한 내용을 9부로 나누어 상세하게 집필하였다. **1부**는 소규모 사업을 처음 시작하는 개인사업자 사장님들을 위하여 준비하였고, **2부**는 일정 매출을 넘어서는 성실신고확인제도 대상 개인사업자들이 가장 많이 궁금해하는 법인전환 내용을, 법인전환이 필요한 이유, 법인전환 방법, 영업권의 활용, 사례별 법인전환 방법으로 나누어 자세히 설명하였다. **3부**는 법인전환에 따른 절세효과를 설명하기 위하여 소득세의 전체적인 개요와 법인기업의 절세 최적화 방안에 대한 포토폴리오를 제시하여 법인전환으로 효과적인 절세가 가능하도록 하였다. **4부**는 법인 설립을 할 때 필요한 의사결정과 신설하는 법인의 정관 작성에 대하여 설명하고 있다.

5부는 법인의 성장전략을 경영자의 회사 재무현황 파악, 재무비율분석, 정관 정비, 노무 시스템 정비, 사내근로복지기금으로 구분하여 제시하였다. **6부**는 법인의 위험관리전략을 가지급금, 차명주식, 미처분이익잉여금으로 나누어서 발생 원인과 해결 방안에 대하여 상세히 설명하였다. **7부**는 CEO의 보상전략으로 급여, 상여, 퇴직금, 배당, 자사주로 나누어 Exit 할 수 있는 방안을 마련하였다.

8부는 종신보험과 정기보험의 차이와 CEO 고유 위험을 회피하기 위한 금융상품인 경영인 정기보험 장점 5가지 및 보험료 비용(손금)처리에 대한 쟁점을 대법원 판례에 따라 정리하였다. **9부**는 국세청이 권하는 상속세 절세전략을 안내한다.

20년 동안 3,000곳 이상의 법인 상담, 500번 이상의 기업 CEO를 대상으로 한 강의와 지난 3편의 저술을 통하여 집대성한 저자의 오랜 노하우를 한 권의 책으로 출간하게 되었다. 이 책은 기업을 운영하는 CEO, 법인컨설팅을 하는 팀장, 경영지도사 등 다양한 계층에게 기업경영에 대한 틀을 제시하며, 절세를 위한 전략을 만드는 데 최소한의 기준이 됨을 자신한다. 나머지 부족한 부분은 다양한 학습과 경험을 통하여 완성하여야 할 것이다. Good Luck!

 마지막으로 출간에 도움을 주신 주위 분들에게 감사함을 표합니다. 특히 바쁜 시간 중에도 아빠의 글을 감수해 준 아들 세윤에게 감사함을 전합니다.

2024년 1월

경영학 박사 | 경영지도사 *정원덕*

세무사 *정세윤*

1부

개인사업자 시작

01 사업자등록증 만들기

02 개인사업자와 법인기업 선택

03 간이과세자와 일반과세자 선택

04 사업용 신용카드, 사업용 계좌, 현금영수증

01
사업자등록증 만들기

    사업을 시작하기 위해서는 먼저 개인기업으로 시작할지, 법인기업으로 시작할지를 결정해야 한다. 왜냐하면, 사업자 등록을 하는 순서가 다르기 때문이다. 개인기업과 달리 법인기업은 법인등기절차를 먼저 마쳐야 한다. 일반적으로 소규모로 사업을 시작하기에는 개인사업자가 여러모로 편리하다.

🔍 사업자 등록을 꼭 해야 하나

사업자 등록이란 세무서에 내가 앞으로 어떤 종류의 사업을 시작할 건지 정하는 절차이다. 사업자가 세무서에 사업자 등록을 신청하게 되면 세무서는 사업자에게 사업자등록번호라는 것을 부여하고 사업자등록번호별로 세금을 부과한다. 사업자 등록은 계속적 반복적으로 재화나 용역을 공급하는 경우 해야 하며, 사업장별로 사업 개시일부터 20일 이내에 신청해야 한다.

사업자등록증 없이 사업을 하면 부가세에 대한 세금혜택을 받을 수 없고 다양한 가산세가 부과된다. 사업을 시작할 준비가 되었다면 본격적으로 일을 시작하기 전에 '사업자 등록'부터 하는 것이 좋다. 특히 본격적으로 매출이 발생하지 않는다고 하더라도 사업과 관련한 비용을 지출하는 시점에 미리 하는 것이 좋다.

🔍 사업자 등록은 어디서 어떻게 신청

사업자 등록은 개인 신분증과 임대차 계약서를 가지고 근처 세무서 민원봉사실을 찾아가서 하면 된다. 인터넷에 익숙한 사람은 국세청 홈택스 사이트에서 온라인으로 사업자 등록을 편리하게 할 수 있다. 음식점이나 카페, 미용실 등 영업허가나 신고가 필요한 일부 업종의 경우 사업자 등록 신청을 하기 전에 먼저 가까운 시, 군, 구청 등에서 영업허가서 혹은 신고가 승인되면 해당 서류를 가지고 세무서를 방문한다. 법인사업자의 경우 법인 등기절차를 밟아 법인 등기부 등본이 발급되어야 사업자 등록을 할 수 있다.

🔎 사업자등록증으로 부가세에 대한 세금혜택을 받자

음식점을 창업하는 경우 사업장을 구하고 임대차 계약서를 작성 후, 인테리어 공사를 하게 되는데 그 전에 반드시 사업자 등록 신청을 해야 한다. 공사비용이 5,500만 원이라고 가정하면 부가세 10%인 500만 원이 포함되어 있다. 부가세 10%에 해당하는 500만 원은 사업자등록번호로 세금계산서를 발급받고 향후 부가세 신고 시 500만 원을 환급받을 수 있다. 이를 모르고 사업자 등록을 늦게 하면 부가세 500만 원을 환급받지 못한다.

매출액이 발생하고 제때 사업자 등록을 못했다면 사업 개시일부터 20일 이내에 신청해야 한다. 만약 5월 31일 매출액이 발생한 경우 원칙적으로 6월 20일까지 사업자등록을 해야 한다. 그때 하지 못했다면 적어도 부가세 1기의 마지막 날인 6월 30일부터 20일인 7월 20일까지는 사업자 등록을 해야만 가산세도 부과되지 않고 매출액과 관련된 비용의 부가세도 부가세 신고 시 공제가 가능하다.

🔎 사업자 등록을 하지 않으면 가산세를 내야 한다

사업자 등록을 하지 않은 기간 동안 발생한 매출액에 대해 무신고가산세, 납부지연가산세, 미등록가산세가 부과된다. 무신고가산세란 수입을 제대로 신고하지 않은 것에 대한 제재로서 납부할 세금의 20%를 가산해서 내는 세금을 말한다. 납부지연 가산세는 자진해서 납부해야 할 세액을 납부하지 않거나 덜 납부했을 때 납부하지 않은 세금에 대하여 하루 0.022%를 가산해서 내야 하는 세금이다. 미등록가산세란 사업자가 사업 개시일부터 20일 이내에 사업자 등록을 하지 않으면 납부해야 하는 행정벌적 성격의 과태료로 사업자 등록을 하지 않은 기간의 공급가액의 1%에 대하여 내는 세금을 말한다.

🔭 프리랜서와 개인사업자

프리랜서란 사업 설비를 갖추지 않은 개인이 독립적으로 일의 성과에 따라 수당 또는 이와 유사한 성질의 대가를 받는 자로서 사무실, 직원이 없는 사람을 말한다. 노동은 하지만 법적으로 근로자 지위를 인정받지 않은 사람이다. 인적 용역을 제공하는 프리랜서의 소득은 사업소득에 해당한다.

사무실을 빌리거나 각종 장비를 대여하고 별도의 인건비까지 발생하는 프리랜서는 사업자 등록을 하는 것이 좋다. 사업자 등록을 하면 부가가치세 매입세액 공제와 사무실임대료, 공과금, 통신비, 인건비 등을 비용으로 처리할 수 있다. 관련 규정이 변경되어 2021년부터는 연 매출이 4,800만 원 미만인 간이과세자도 부가세가 면제된다. 그 이상의 매출을 올린다면 사업자 등록을 하는 것이 절세에 많은 도움이 된다.

유튜버, BJ가 근로자를 고용하지 않고, 물적 시설 없이 콘텐츠를 만들면 면세사업자(업종코드 940306)이지만, 인적 고용 관계 혹은 사업장 등 물적 시설을 활용해 콘텐츠를 만들면 과세사업자(업종코드 921505)다. 블로그나 카페 등 SNS에서 반복적으로 상품을 판매하면 사업자 등록(업종코드 525104)이 필요하다.

🔭 업종 선택은 신중하게 결정해야 한다

업종이란 업태와 종목을 말한다. 이러한 업태와 종목에 따라 업종코드가 정해진다. 업태는 일반적으로 도매, 소매, 서비스, 제조, 음식으로 분류되고, 종목에는 자신이 일할 내용을 세세하게 작성하면 된다. 예를 들어 개인 소비자들을 대상으로 인터넷을 통해 신발을 판매할 예정이라면 '소매/통신판매업/(업종코드)'라고 작성하면 된다.

세무서를 직접 방문하여 신청한다면 민원실에서 담당 공무원의 도움을 받으면 되지만, 홈택스를 통해 사업자 등록을 한다면 스스로 업태와 종목을 선정하여 업종코드를 작성해야 한다. 국세청 홈페이지에 접속해서 국세청발간 책자 중 기타참고 책자에서 기준경비율·단순경비율 파일을 참조해서 유사업종을 선택하면 된다. 해당 파일을 열어 유사한 업종코드를 여러 개 찾았다면, 이왕이면 경비율이 높은 코드를 선택하는 것이 좋다. 주업종에 따라 기준경비율과 단순경비율이 결정되어 무신고나 추계신고 시 적용된다. 업종의 구분은 조세특례제한법상의 각종 감면을 받는데 적용되니 반드시 신중하고 정확한 선택이 필요하다.

🔭 청년창업세액감면

청년창업세액감면은 중소기업의 창업을 촉진하여 우리 경제의 경쟁력을 높이고자 실시한 규정이다. 신규창업 청년(15세 이상 34세 이하)을 대상으로 최초 소득이 발생한 과세연도부터 총 5년간 세액감면을 최대 100%까지 감면해 준다.

02
개인사업자와 법인기업 선택

　개인사업자와 법인사업자는 사업으로 벌어들인 소득에 대한 세금과 자금의 이용방법 등에서 다양한 차이가 있다. 일반적으로 처음 사업을 시작하는 소규모 사업장의 경우 개인사업자로 가볍게 사업을 시작한다. 법인기업은 상법, 법인세법, 소득세법 등 다양한 법적 절차와 규정을 지켜야 하는 번거로움이 있기 때문이다.

🔍 개인사업자와 법인사업자의 구분

사업을 하면 국가는 개인들의 주민등록번호처럼 '사업자등록번호'를 부여하고 '사업자등록증'을 발급한다. 사업자등록증은 사업을 할 때 거래의 기본이 되는 것인데, 여기에 기재된 회사명에 '주식회사'라는 용어가 붙어 있으면 법인사업자이고 이런 용어가 없으면 개인사업자다. 개인사업자는 자연인이지만, 법인은 법으로 권리·의무의 주체로서 자격을 부여받은 사람을 말한다. 자연인과 마찬가지로 법률관계의 주체로서 지위를 인정한 것이다.

🔍 세금 차이

법인사업자는 법인세법의 적용을 받는다. 총 4단계 구간별 과세가 된다. 과세표준이 2억 원 이하는 9%, 2억 원을 초과하고 200억 원 이하는 19%, 200억 원 초과하고 3,000억 원 이하는 21%, 3,000억 원을 초과하면 24%의 세율에 따라 법인세를 계산한다. 소득세와 비교하면 비교적 낮은 세율이다.

법인세율

	과세표준	세율
①	2억 원 이하	9%
②	2억 원 초과 ~ 200억 원 이하	19%
③	200억 원 초과 ~ 3,000억 원 이하	21%
④	3,000억 원 초과	24%

개인사업자는 소득세법의 적용을 받는다. 총 8단계 구간별 과세

가 된다. 과세구간에 따라 최소 6%에서 최고 45%의 세율을 적용한다. 사업이 아닌 다른 소득(근로, 배당, 이자, 기타, 연금)이 있다면 사업소득과 합산하여 종합과세 된다. 누진세로 인하여 과다한 세금이 부과될 수도 있다.

종합소득세율

	과세표준	세율
①	1,400만 원 이하	6%
②	1,400만 원 초과~5,000만 원 이하	15%
③	5,000만 원 초과~8,800만 원 이하	24%
④	8,800만 원 초과~1억 5,000만 원 이하	35%
⑤	1억 5,000만 원 초과~3억 원 이하	38%
⑥	3억 원 초과~5억 원 이하	40%
⑦	5억 원 초과~10억 원 이하	42%
⑧	10억 원 초과	45%

*지방소득세 10% 별도

자금의 이용방법

개인사업자는 본인의 사업자 통장에서 개인적으로 출금하거나 사용해도 세금이 과세되거나 제재 사항이 없지만, 법인사업자는 법인통장을 개인 통장처럼 사용할 수 없다. 즉, 법인통장에 차곡차곡 쌓여있는 돈은 대표의 돈이 아니라 법인소유의 돈이다. 법인통장에서 함부로 인출하면 '가지급금'으로 분류된다. 대표자가 법인에서 돈을 빌려 간 것이 되어 법인에 이자를 지급해야 한다. 법인이 받은 이자는 법인의 수익에 해당하여 법인세를 내야 한다. 이러한 행위는 법인의 돈을 개인이 횡령·배임한 것으로 형사적 처벌을 받을 수 있다.

🔭 회사 상황에 따른 개인사업자와 법인사업자의 선택

개인사업자 선택 1: 실무상 인건비를 전부 신고하지 못하는 업종으로 음식점, 제조업이나 건설업은 일이 힘들어 직원을 구하기가 어려운 경우가 많다. 간혹, 불법체류자나 신용불량자 등을 고용해야 한다. 이러한 직원들은 사업주가 부득이 인건비를 비용으로 처리할 수 없다. 개인사업자의 경우와 달리 법인사업자는 법인통장에서 인건비로 지급한 돈이 적법한 경비로 처리하지 못하여 대표이사의 '가지급금'이 된다. 이런 업종의 경우 인건비에 대한 처리 방법을 마련하지 못한다면 개인사업자로 운영하는 것이 현명할 것이다.

개인사업자 선택 2: 개인사업자는 매년 5월 종합소득세 신고 시 1년에 딱 한 번 소득세를 낸다. 반면 법인은 급여·상여로 소득을 가져올 때 근로소득으로 매번 소득세를 원천징수한다. 12번의 원천징수에 대한 세금은 대표를 부담스럽게 한다. 이러한 근로소득 원천징수 세금이 싫은 사업자라면 개인사업자가 더 낫다.

법인사업자 선택 1: 법인기업은 벌어들이는 소득을 재투자나 일정액을 유보한 후 다양한 소득으로 나누어서 가져올 수 있다. 가족 구성원을 주주와 임원으로 참여시켜서 다양한 출구전략을 사용한다면 법인사업자로 운영하는 것이 현명할 것이다.

법인사업자 선택 2: 기업을 승계할 계획이 있다면 법인으로 전환하는 것이 적합하다. 개인사업자의 경우 자녀에게 가업을 물려주기 위해서는 기존의 것을 폐업하고 별도의 개인사업자를 설립해야 하지만 법인은 주식 형태로 증여하면 기존의 사업을 승계시킬 수 있다.

03
간이과세자와 일반과세자 선택

　개인사업자는 공급대가에 따라 간이과세자와 일반과세자로 구분되므로, 사업의 특성과 업종 등에 따라, 올바른 과세유형을 선택해야 한다. 일반과세자는 간이과세자보다 더 높은 세율을 적용받지만, 세금계산서 발급이나 매입세액 공제를 받을 수 있다. 반면 간이과세자는 낮은 세율을 적용받지만, 매입이 많아도 환급이 불가하다. 특히 간이과세 배제 업종사업은 간이과세자로 등록이 되지 않는다.

🔎 일반과세자

연간 매출액이 8,000만 원 이상으로 예상되거나, 간이과세가 배제되는 업종 또는 지역에서 사업을 하는 사업자. 부가가치세를 계산할 때 10%의 세율을 적용받으며, 연 2회의 부가가치세를 신고·납부한다. 물건 등을 사면서 받은 매입세금계산서상의 세액을 전액 공제받을 수 있으며, 세금계산서를 발급할 수 있다. 매출액에 10%의 부가가치세율을 적용하며, 매출세액에서 매입세액을 차감하여 납부 부가가치세액을 계산한다.

🔎 간이과세자

간이과세자는 연간 매출액이 8,000만 원 미만인 사업자로, 업종별 부가율에 따라 매출에 1.5%~4%의 낮은 세율로 계산된 부가가치세를 연 1회 신고·납부한다. 세금계산서 발급에 제한이 있어 다른 사업자와의 거래에서 경쟁력이 떨어지며, 매입세액을 일부만 공제받기 때문에 매입이 많은 경우 불리할 수 있다. 주로 소비자를 상대하는 업종으로 소규모 사업자의 경우에 적합하다. 간이과세자는 매입세액을 0.5%만 공제 가능하므로 사업 초기에 설비자산 등에 크게 투자한 경우, 일반과세자가 더 유리하다.

간이과세배제 업종
- 광업, 제조업(과자점, 떡 방앗간, 양복·양장·양화점 가능)
- 도매업(소매업 겸업 시 도·소매업 전체)
- 시 이상 지역의 과세유흥장소
- 전문직 사업자(변호사, 변리사, 노무사, 감평사, 법무사, 공인회계사, 세무사 등)

- 부동산 매매업
- 부동산 임대업(지역별 면적·공시가격에 따라 예외 적용)
- 상품중개업
- 전기·가스·증기 및 수도사업
- 건설업(최종 소비자 대상 사업자 제외)
- 전문·과학·기술서비스업, 사업시설관리·사업지원 및 임대서비스업

🔭 세금계산서 발행의무 간이과세자

직전 연도 매출액이 4,800만 원 이상인 간이과세자는 세금계산서 발행의무가 있다. 과거에는 간이과세자 기준인 4,800만 원 미만은 무조건 세금계산서 발행의무가 없었지만 현재는 사업자 유형과 상관없이 4,800만 원을 초과한다면 세금계산서를 발행해야 한다. 간이과세자에게 세금계산서를 받은 일반과세자는 일반세금계산서와 같이 매입세액공제가 가능하지만, 간이과세자에게 세금계산서를 받은 간이과세자는 매입액의 0.5%만 공제한다. 간이과세자와 달리 4,800만 원~8,000만 원 미만 간이과세자는 7월 25일에 부가세를 신고하여야 한다.

선택 1: 영세 사업자는 간이과세자를 해라

사업 초기 매출이 적은 영세한 소비자를 대상으로 하는 업종은 '간이과세사업자' 등록이 좋다. 간이과세자 제도는 매출이 적은 영세한 자영업자를 대상으로 월평균 매출 400만 원이 되지 않으면 영세한 사업으로 보아 일반과세자가 내는 부가세에 비해 적은 부가세로 내면 되기 때문이다. 다만, 간이과세자는 부가세 환급을 받을

수 없고 세금계산서를 발급할 수 없다. 그러므로 소비자를 상대로 하는 소매음식점, 이·미용업소, 소규모 커피숍 등은 일반과세자보다 간이과세자로 사업자 등록을 하는 것이 좋다.

일반적으로 소비자를 상대로 현금영수증이나 신용카드 매출만 발생하여 세금계산서를 발행할 일이 없는 업종인 소규모 음식점, 온라인 쇼핑몰 등은 간이과세자로 사업자등록을 해야 유리하다. 일반과세자는 1년에 두번 부가가치세를 신고해야 하지만, 간이과세자는 1년에 한 번만 신고·납부만 하면 되므로 편리하다.

선택 2: 초기비용이 많이 든다면 일반과세자로 해라

일반과세자는 간이과세자와 달리 부가가치세 환급이라는 강력한 장점이 있다. 인테리어 등 비용이 많이 발생하는 경우, 공사업체에서 세금계산서를 받는다면 일반과세자가 더 유리할 수도 있다. 사업 초기에 매출은 없고 인테리어 등 초기비용이 5,500만 원이 발생한다고 가정해 보면 일반과세자는 500만 원인 부가세를 돌려받을 수 있지만, 간이과세자는 본인이 부담한 부가세를 환급받지 못한다. 이러한 부가세 환급 외에도 세금계산서를 발행하지 못한다.

사업자 간 거래에서 거래 상대방이 세금계산서 발행을 원하는 경우 원활한 거래를 위해 반드시 일반과세자이어야 한다. 일반과세자로 사업자등록을 함으로써 사업상 매출 증대 효과가 더 크기 때문이다.

04

사업용 신용카드, 사업용 계좌, 현금영수증

사업자등록증이 만들어지면 가장 먼저 국세청에 회원으로 가입하는 것이다. 가입 후 사업자 신용카드와 사업용 계좌를 등록한다. 이러한 절차를 마무리한다면 향후 부가가치세 신고 및 종합소득세 신고 시 편리하다.

👀 사업용 신용카드 등록하기

사업자 등록 절차를 완료하고 홈택스에 회원 가입을 완료하였다면, 사업용으로 쓸 신용카드를 국세청 홈택스에 등록해야 한다. 이때 사업자 번호로 발급받은 신용카드가 아닌 일반적인 개인 신용카드도 상관없다. 사업 용도로 사용하고자 할 경우, 국세청을 통해 '사업용 신용카드 등록' 절차를 진행하면 사업용 신용카드로 분류된다. 사업자등록번호로 사업자카드를 발급받았더라도 등록해 두어야 부가세 신고 시에 번거로움을 덜 수 있다.

물론 사업용 신용카드를 등록하지 않아도 가산세가 발생하지는 않는다. 하지만 사업용 신용카드를 등록해 두면 국세청에 자동으로 사업과 관련해 카드를 사용하고 있다는 증거자료로 보고되는 효과가 있다. 홈택스를 통해 부가세나 종합소득세신고를 직접 할 때 별도로 자료를 업로드하지 않아도 카드사에서 국세청에 카드 사용 내용을 알려줘 편리하다.

👀 사업용 계좌 신고하기

사업용 계좌는 개인사업자의 은행 계좌를 사업 용도와 개인용도로 구분하도록 하고, 사업과 관련된 통장 입출금 내용은 사업용 계좌를 별도로 사용하게 하여 세원 관리의 투명성을 높이고자 하는 목적이 있다. 개인은 법인과 달리 통장에서 입출금을 자유롭게 하므로 사업 용도와 개인적인 용도가 구분되지 않아 세원 관리를 하기 어려워 '사업용 계좌' 등록제도를 통하여 이런 점을 보완하고자 시행하게 되었다.

사업용 계좌는 신규 계좌를 별도로 만들 필요는 없다. 기존에 개설하여 사용하는 계좌도 등록할 수 있다. 한 사업장에 여러 개의 사업용 계좌를 등록하는 것도 가능하다. 사업용 계좌를 신고하는 방법은 세무서에 직접 방문해서 신고하는 방법도 있지만, 국세청 홈택스 사이트를 활용하면 쉽게 등록할 수 있다.

🔎 사업용 계좌 신고 대상

　모든 사업자가 사업용 계좌를 신고해야 하는 것은 아니다. 개인사업자 중에서 복식부기 의무자는 사업용 계좌를 신고해야 한다. 복식부기 의무자란, 업종별로 매출액이 일정 금액 이상이거나 회계사, 세무사, 의사, 약사, 변호사, 감정평가사 등 전문적인 사업자를 말한다. 전문직 사업자의 경우 매출액 규모와 상관없이 신규로 사업을 시작하더라도 복식부기 의무자로 사업용 계좌를 의무적으로 신고해야 한다. 복식부기 의무자는 당기 매출액이 아닌 직전년도 매출액을 기준으로 판단한다.

업종에 따른 복식부기 대상자(2024년 현재)

업종	직전년도 매출액 기준
농업, 임업, 어업, 광업, 도소매업, 부동산매매업 등	3억 원 이상
제조업, 숙박 및 음식점업, 건설업, 금융 및 보험업	1.5억 원 이상
부동산 임대업, 전문·과학 및 기술서비스업, 교육서비스업	7,500만 원 이상

신고기한은 복식부기 의무자가 되는 해의 6월 말까지다. 전문직 사업자와 같이 사업을 시작할 때부터 복식부기 의무자는 다음 과세기간 개시일부터 6월 말까지 사업용 계좌를 신고해야 한다. 추가하거나 삭제 변경할 때에는 일반개인사업자는 5월 말까지, 성실신고 확인대상 사업자는 6월 말까지 신고해야 한다.

🔍 사업용 계좌 미사용 및 미신고에 대한 벌칙

복식부기 의무자에 해당하는 사업자가 사업용 계좌를 미사용할 경우 미사용에 대하여 사업용 계좌를 사용하지 않은 금액의 0.2%에 대한 가산세가 부과된다. 미신고에 대한 가산세는 사업용 계좌 미신고 기간의 매출액의 0.2%와 사업용 계좌 사용의무가 있는 거래금액의 0.2% 중 큰 금액에 해당하는 가산세가 부과된다. 사업용 계좌 사용의무가 있는 거래금액이란 사업 관련 수입 및 지출거래, 인건비, 임차료 등이 해당한다. 이러한 거래는 모두 사업용 계좌를 통해서 입출금 및 관리가 이루어져야 한다.

만약, 미사용 및 미신고 내용이 있는 경우 세무서의 의심대상으로 지목되어 세무조사의 확률을 높일 수 있다. 사업용 계좌를 신고만 해 두고 관리를 제대로 하지 않는다면 수년에 걸친 매출 누락이나 가공경비 등을 입증하는 자료가 되므로 각별한 주의가 필요하다.

현금영수증

현금영수증 제도란 사업자가 국세청에서 파악하기 어려운 현금매출을 줄여 세금을 적게 내고자 하는 탈세 행위를 방지하기 위한 제도이다. 현금영수증 가맹사업장은 현금영수증 발급 장치를 설치하여 가맹점으로 가입하여, 고객이 현금을 내고 현금영수증 발행을 요청할 경우 이를 수행해야 할 의무가 있다. 현금영수증 가맹점에 가입하지 않으면 미가입 기간에 대한 매출액의 1%를 가산세로 내야 한다. 고객의 요청에도 현금영수증을 발급하지 않으면 미발급 금액의 5%에 상당하는 가산세가 부과되고 재차 거부할 때에는 과태료를 20% 별도로 부과한다.

현금영수증 의무 발생 업종은 거래 건당 10만 원 이상은 고객이 요청하지 않더라도 5일 이내에 사업자가 현금영수증을 무조건 발급해야 한다. 만약 소비자 연락처를 모를 경우, 국세청 지정 코드 (010-000-1234)로 현금영수증을 발급해야 한다.

■ 현금영수증 가맹점으로 가입해야 하는 대상자
① 소비자 상대업종 사업자
　- 개인사업자의 경우 직전 연도 매출액이 2,400만 원 이상
　- 모든 법인사업자
② 의사 약사 등 의료보건 용역 제공 사업자
③ 변호사 변리사 공인회계사 등 전문사업자
④ 기타(소득세법 시행령 별표 3의 3에 명시된 의무발행업종)

현금영수증 미발급에 대한 처벌

현금매출이 높고 현금매출 누락을 통한 세금의 탈루가 빈번한 업종인 전문직, 병·의원, 일반교습학원, 예술학원, 골프장업, 장례식장업, 예식장업, 부동산중개업, 악기소매업, 네일아트 사업 등은 다른 업종에 비해 더 강한 의무를 부과하고 있다. 현금영수증을 발급하지 않았을 경우 미발급 금액의 50%라는 엄청난 과태료가 부과된다.

소비자가 현금영수증을 발급받지 못한 사실을 신고하면 해당 제보자에게 신고포상금으로 연간 최대 200만 원까지 지급하고 있다. 이러한 신고로 현금영수증을 발급하지 않은 사업장은 거래대금의 20%를 가산세로 내야 한다. 만약 현금영수증 단말기가 없다면 인터넷으로 현금영수증을 발행할 수도 있다. 현금영수증을 요청하지 않더라도 반드시 현금영수증은 발급해야 한다.

2부
법인전환 컨설팅

01 법인전환이 필요한 이유 3가지

02 성실신고 확인제도

03 법인전환을 망설이는 이유 5가지

04 법인전환 방법

05 영업권의 활용

06 현물출자 법인전환

07 사례별 법인전환 방법

01
법인전환이 필요한 이유 3가지

　개인사업자가 2014년 이후 급속도로 법인전환을 하고 있다. 그 이유는 크게 3가지로 요약할 수 있다. 개인사업자에게 부과되는 과도한 세금(최고세율 45%)에서 벗어나고자 하는 목적과 성실신고 대상자 확대, 영업권을 양수도 할 때 발생하는 기타소득에 대한 세금이 높아지기 때문이다.

🔍 이유 1: 세금을 줄이기 위한 법인전환

개인기업과 법인기업은 사업을 통해서 발생한 소득에 대하여 세금을 다르게 적용한다. 개인기업은 8단계 소득세 세율(6%~45%)을, 법인기업은 4단계 법인세 세율(9%~24%)을 적용한다. 법인기업은 일반적으로 소득금액이 2억 원 이하면 9%의 낮은 세율을 적용한다. 수입에서 비용을 공제한 과세표준 2억 원을 기준으로 개인기업과 법인기업의 세금부담을 비교해 보면 다음과 같다. 과세표준이 2억 원 이하일 때 개인기업은 38%의 세금을 부담해야 하지만 법인기업은 9%의 세금만 부담하면 된다.

소득세와 법인세 비교

개인 (소득세율)	과세표준	법인 (법인세율)
6%	1,400만 원 이하	9%
15%	5,000만 원 이하	
24%	8,800만 원 이하	
35%	1.5억 원 이하	
38%	2억 원 이하	19%
	3억 원 이하	
40%	5억 원 이하	
42%	10억 원 이하	
45%	10억 원 초과	
	200억 이하	

지방소득세 10% 별도

🔍 이유 2: 성실신고확인제도를 벗어나기 위해서

성실신고확인대상자 선정기준인 수입금액이 점차 낮아짐으로 대상자가 확대되는 경향이 있다. 그만큼 더 까다롭게 세금을 산출하기에 철저한 신고 준비를 해야 한다.

업종별 성실신고 대상자

업종별	2011년	2014년	2018년 이후
농업 등 도소매업종, 부동산매매업	30억 원 이상	20억 원 이상	15억 원 이상
제조업, 숙박 및 음식점업, 건설업, 운수업, 창고업, 금융 및 보험업, 상품중개업 등	20억 원 이상	10억 원 이상	7.5억 원 이상
서비스업, 부동산 임대업 등	10억 원 이상	5억 원 이상	5억 원 이상

만약 2개 업종을 겸영하는 경우에는 다음의 계산식에 따라 계산한 금액을 기준으로 주업종 금액과 비교하여 결정한다.

[주업종의 수입금액 + (주업종 외의 수입금액 × 주업종의 기준 금액/주업종 외의 업종에 대한 기준 수입금액)]

예시) 도소매 10억(주업종), 부동산임대 3억인 경우
   10억 + (3억 × 15/5) = 19억

주업종(도소매) 기준 금액 15억보다 크므로 성실신고 대상자

🔍 이유 3: 영업권 필요 경비의 축소

개인기업이 양수도 방법으로 법인전환을 할 때 영업권을 활용하면 좋은 절세전략이 된다.

법인기업에 양도함으로 발생하는 영업권은 기타소득으로 평가되어 특별한 경비에 대한 증빙이 없더라도 소득세법에서 필요 경비로 인정하는 금액을 무조건 비과세 처리한다. 예를 들어, 평가한 영업권의 가액이 10억 원이라고 가정하면 과거에는 필요 경비로 8억 원을 차감한 2억 원에 대하여 소득세를 부과하였다. 현재는 한차례 개정을 거쳐 60%를 필요 경비로 인정한다. 영업권 가액에서 6억 원을 경비로 차감한 4억 원에 대하여 기타소득으로 과세한다. 세금만 78,000,000원을 더 부담해야 한다.

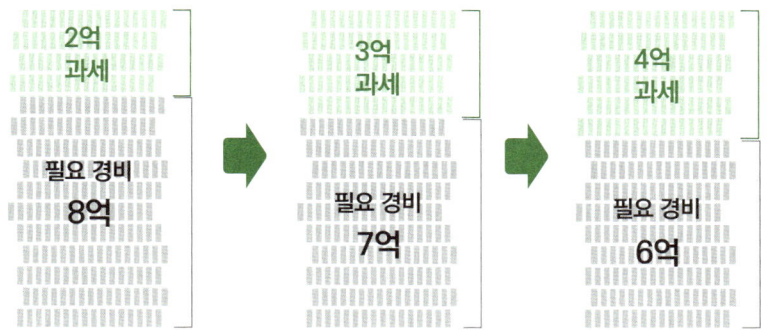

02
성실신고 확인제도

성실신고 확인제도란 소득세법 제 70조 2에서 정하는 기준에 해당하는 사업자에 대하여 사업소득 금액의 적정성을 세무대리인의 확인을 거쳐 신고하도록 하는 제도다. 일정액 이상의 수입금액(매출액)이 있는 개인사업자가 종합소득세 납부 전, 신고 내용과 증빙서류 등을 의무적으로 세무대리인에게 검증받도록 하고 있다. 대상 사업장은 해당 과세연도의 다음 연도 6월 말까지 세무대리인의 확인을 받아 종합소득세를 신고·납부해야 한다.

🔍 성실신고 시 세무대리인이 확인하는 내용

세무대리인은 매출 누락, 가공경비, 업무무관경비 등을 확인한다. 지출비용에 대한 적격증빙여부와 그에 따라 처리한 금액이 과다하게 계상되었는지를 세금계산서, 신용카드전표, 현금영수증 등을 통해 가공경비를 확인한다.

또한, 배우자 등 가족에게 지급한 인건비 내역과 일용직 근로자에게 지급한 비용의 가공인건비 여부, 가사경비를 회사경비로 처리했는지, 회사소유 차량을 개인이 업무와 무관하게 사용하고 있는지 등의 업무 무관 경비를 확인한다. 부실하게 확인한 세무대리인에게는 자격정지 등의 징계가 있다.

🔍 성실신고확인제도 대상자 선정기준

성실신고확인제도는 2011년도 귀속분부터 도입된 제도이다. 개인사업자를 총 3가지 업종으로 분류하며 업종에 따라 매출 기준을 다르게 적용한다. 처음 도입 시에는 매출 기준이 30억 원(도소매업 등), 15억 원(제조업, 음식업 등), 7억 5천만 원(서비스업, 부동산임대업 등)이었으나, 매출 기준 금액을 낮추어 점차 대상자를 확대하고 있다. 현재 기준 성실신고 대상자는 다음과 같다.

성실신고 대상자 기준 수입금액

업종	연 매출액
농업 등 도소매업종, 부동산매매업	15억 원
제조업, 숙박 및 음식점업, 건설업, 운수업, 창고업, 금융 및 보험업, 상품중개업 등	7억 5천만 원
서비스업, 부동산 임대업 등	5억 원

🔭 성실신고확인대상자에 대한 혜택

성실신고확인대상자가 성실신고를 하는 경우 세무대리인에 확인 비용으로 지출한 금액의 60%를 100만 원 한도 내에서 세액공제한다. 또한, 개인사업자의 종합소득세 계산 시 공제받지 못했던 의료비 공제와 교육비 공제가 가능하다. 개인사업자는 매년 5월 31일까지 종합소득세 신고를 하지만 성실신고확인대상자는 한 달을 연기하여 6월 말까지 신고기한을 연장해 준다.

만약 개인 혹은 법인이 성실신고 대상자가 되었지만, 성실신고를 하지 않으면 미제출한 사업소득에 대하여 5%의 가산세를 부과받게 된다. 또 수시 세무조사 대상으로 세무조사를 피하기 어려우며, 대상자와 협의하여 과소신고를 하거나 신고를 제대로 하지 않은 사실이 드러나면 담당 세무사는 자격정지 등의 징계를 받을 수 있다.

참고) 소규모임대법인의 성실신고

2018년부터 다음의 조건에 해당하는 법인은 3년간 법인 성실신고대상자로 선정되어 성실신고를 해야 한다. 3가지 조건에 해당하는 법인은 법인임에도 세무대리인의 도움을 받아 선임신고서를 세무서에 제출하고 성실신고확인서를 제출해야 한다.

- 부동산 임대업을 주된 사업으로 하거나 이자, 배당, 부동산 임대소득 금액의 합계액이 매출액의 70% 이상인 경우
- 해당 사업연도 상시근로자 수가 5인 미만인 경우
- 지배주주 및 특수관계인 지분 합계가 전체의 50%를 초과하는 경우

03
법인전환을 망설이는 이유 5가지

　성실신고확인제도 대상자 선정에 대한 불편함과 다양한 기업승계 제도에 대한 지원, 갈수록 높아지는 소득세 부담 등으로 많은 개인기업이 법인전환을 고민하고 쉽사리 결정을 내리지 못한다. 결정을 망설이는 이유에 대하여 스스로 답을 얻어야만 법인전환을 할 수 있을 것이다.

1. 내 돈을 마음대로 사용하지 못한다.

개인기업은 기업 운영을 통하여 들어온 자금을 마음대로 사용할 수 있다. 수입금액(매출)에 대하여 아무런 제재 없이 사용하고 다음 해 5월 31일에 종합소득세를 한꺼번에 내는 구조이기 때문이다. 사업주 1인에게 부과되는 종합소득은 누진과세가 적용되어 최고 45%의 세금을 부담해야 한다.

그러나 법인기업은 개인기업과 달리 사업의 주체가 회사이다. 대표는 회사를 소유한 주주이며, 경영을 책임지는 임원이다. 회사 자금을 마음대로 사용할 수 없다. 주주는 배당을 통하여 사용하고, 임원은 급여를 받음으로써 내 돈이 되는 것이다. 지급하는 법인은 원천징수 의무가 있기에 원천징수세금을 공제하고 지급한다. 즉 임금 등을 받을 때 세금을 원천징수한다. 이러한 부담으로 급여를 적게 신고함으로 인해 사용해야 할 돈을 제대로 사용하지 못하는 경우가 많다. 매번 급여를 받을 때 세금을 내더라도 개인사업자가 1년에 한 번 부담하는 종합소득세보다 적은 세금만 부담하면 되므로 급여, 상여, 배당, 퇴직금 등 다양한 방법으로 필요한 자금을 인출할 수 있다.

법인을 설립할 때 주주를 가족 구성원으로 적절하게 조정하여 다양한 배당을 받을 수 있도록 하고, 배우자 등을 회사 경영에 참여시켜 급여를 책정하고 향후 퇴직금을 받을 수 있는 규정을 정비한다면 개인기업에서 부담하는 소득세 45%에 비하여 저율의 세금(9%~24%)만 부담하고 회사에서 발생한 수익을 자유롭게 사용할 수 있다.

사업을 하는 목적은 이윤 창출이다. 이윤은 수입금액에서 세금을 공제한 가처분소득을 말한다. 법인 정관 규정에 따라 다양한 방법의 인출전략을 마련한다면 자금 사용에 대한 불편함을 없앨 수 있다.

2. 세금 절세에 도움이 되지 않는다.

개인기업의 사업주는 수익에 대하여 종합소득세만 부담하면 된다. 그에 반해 법인기업의 사업주는 법인세, 근로소득세, 배당소득세, 퇴직소득세 등 다양한 세금을 부담해야 한다. 사업을 통한 수입금액이 2억 원으로, 개인기업과 법인기업이 같다고 가정하면 다음과 같은 세금의 차이가 있다. 이때 법인기업은 대표자 급여가 5천만 원이고, 법인세를 내고 남은 유보금은 전액 배당을 받는다고 가정(배당소득세율은 14%)한 단순계산은 다음과 같다.

항목	개인사업자	법인사업자
매출액	2억 원	
대표자 급여	처리 불가	50,000,000
과세표준	200,000,000	150,000,000
세율	38%	9%
산출세액	56,060,000	13,500,000
유보금	없음	136,500,000
배당소득세 (14%로 단순계산)		19,110,000
근로소득세 (기본 단순계산)		약 4,000,000
총 납부 세액	56,060,000	36,610,000

개인사업자는 매출액 2억 원에 대한 과세표준이 2억 원이다. 소득세 세율(38%)을 적용하여 곱하고 누진 공제(1,994만 원)를 적용하여 계산하면 소득세는 5,606만 원이다.

그에 반해 법인사업자는 매출액 2억 원에서 본인 급여 5천만 원을 공제한 과세표준 1억 5천만 원에 법인세 세율 9%를 적용(150,000,000원×9%)하면 법인이 내야 할 법인세는 1,350만 원이 된다. 아울러 급여 5,000만 원에 대한 근로소득세 약 400만 원과 유보금 136,500,000원에 대한 배당소득세 1,911만 원을 추가로 내야 한다. 총 법인이 부담하는 법인세와 소득세의 총합은 3,661만 원이 된다. 정리하면 법인기업은 개인기업과 달리 법인세와 소득세를 구분하여 세 번 내지만 그 총액의 합은 법인사업자가 1,945만 원이나 더 적게 냄을 알 수 있다.

3. 기업 운영이 더 복잡하다.

개인기업은 사업장임대차 계약서만 들고 세무서를 방문(인터넷에서도 가능)하면 사업자등록증을 받아 사업을 시작할 수 있지만, 법인기업은 법무사(인터넷으로 가능)를 통해 일정한 요건을 갖추어 법원에 설립신고를 한 후 사업자등록증을 받아 사업을 시작한다. 이러한 설립 상 차이뿐만 아니라 운영 시에도 법인 등기부등본의 변경내용이 있으면 법원에 변경등기라는 절차를 거쳐야 하고, 사업을 그만두는 경우 청산절차를 밟아야 한다. 나열해 놓고 보면 내용이 많아서 복잡해 보이지만 그렇지 않다. 기장하는 세무사와 법무사에게 소정의 비용만 내면 해결할 수 있는 간단한 일이다.

사업을 하는 궁극적인 목표는 무엇일까? 가처분소득을 높이는 것이다. 많은 매출을 올리고 비용을 절약하여 이익을 내는 것이다. 세금을 절세하여 높은 소득을 가져가는 것이다. 번거로움은 세무사와 법무사의 도움을 받으면 된다. 사업에서 발생한 이익을 다양한 전략으로 소득디자인을 한다면 사업주의 소득세 절세뿐 아니라 자산이전에도 더 많은 혜택이 생긴다.

4. 세무사가 하지 말라고 한다.

조금은 불편한 이야기를 사실을 근거하여 설명해 본다. 세무사는 어려운 국가고시를 통과한 세무전문가다. 장부를 작성하는 세무사는 원천징수세 신고, 부가가치세 신고, 종합소득세 신고 등의 세금신고를 대행하는 일을 사업주와 계약을 맺고 도움을 주는 사람이다. 사업주는 그에 상당하는 소액의 금액만을 지급한다. 사업주 회사의 고문 세무사가 아니다. 세무방향을 잡고 컨설팅에 대한 비용을 추가적으로 지급하지 않으면 그 일은 세무대리인의 일이 아니다. 주위의 세무사들은 이렇게 이야기한다. "개인사업자로 그냥 유지하는 것이 훨씬 일도 줄이고 수익도 더 많이 생겨 가성비가 좋다고" 말한다. 이런 얘기는 일부 세무사에 한정할 수도 있지만, 세무사들은 철저한 사업적 논리에 의할 수밖에 없다는 것을 개인기업 사장님들도 공감할 것이다. 더 많은 세무서비스를 받고 싶다면 지금 지급하는 수수료의 2배를 지급해야 할 것이다.

5. 주위 사람들이 만류한다.

사장님에게 만류하는 사람이 전문가인가? 전문가는 일반인과 달리 그 말에 대한 근거를 제시할 수 있는 사람이어야 한다. 그렇게 이야기하는 사람들에게 근거를 요구하면 그 근거는 단순한 개인적인 경험일 것이다. 그 경험이 논리적이고 정당하며 객관적일까? 그렇지 않다. 본인의 경험에 근거하여 이야기한다. 법인운영은 처음부터 제대로 된 전략적 운영이 필요하다. 출자자의 분산 혹은 집중, 적정한 자본금의 결정, 임원의 구성 등 설립단계에서의 전략과 급여와 상여의 결정, 배당정책의 구상, 퇴직금 정책 등 운영단계에서의 다양한 출구전략이 필요하다.

물론 그 기업이 현재 처해있는 상황이 꼭 법인기업으로의 전환이 유리하지 않을 수도 있다. 그러나 성실신고확인대상자, 기업승계를 염두에 두고 있는 사업주, 종합소득세 부담이 큰 사업주, 부동산임대사업을 하는 사업주, 정부 정책자금을 받고 싶은 사업주, 자녀에게 사전증여를 하고 싶은 개인기업의 사업주들은 전문적인 영역에서 오랜 시간 경험을 쌓은 진짜 전문가에게 "우리 회사는 법인으로 전환하는 것이 정말 좋은지?" 꼭 점검을 받아 보고 그에 따라 의사결정을 해야 할 것이다.

04
법인전환 방법

　법인으로 전환하는 방법은 다양하다. 가장 일반적인 양수도에 의한 법인전환과 개인사업자의 법인전환을 유도하기 위한 정부 정책에 따른 방법이 있다. 조세특례제한법을 통해 많은 세금감면을 해주는 현물출자 방법, 세감면 사업양수도 방법, 중소기업통합에 의한 방법으로 법인전환을 할 수 있다. 개인기업이 처한 다양한 환경에 따라 가장 적합한 방법을 찾는 것이 필요할 것이다.

🔍 법인전환 방법 의사결정

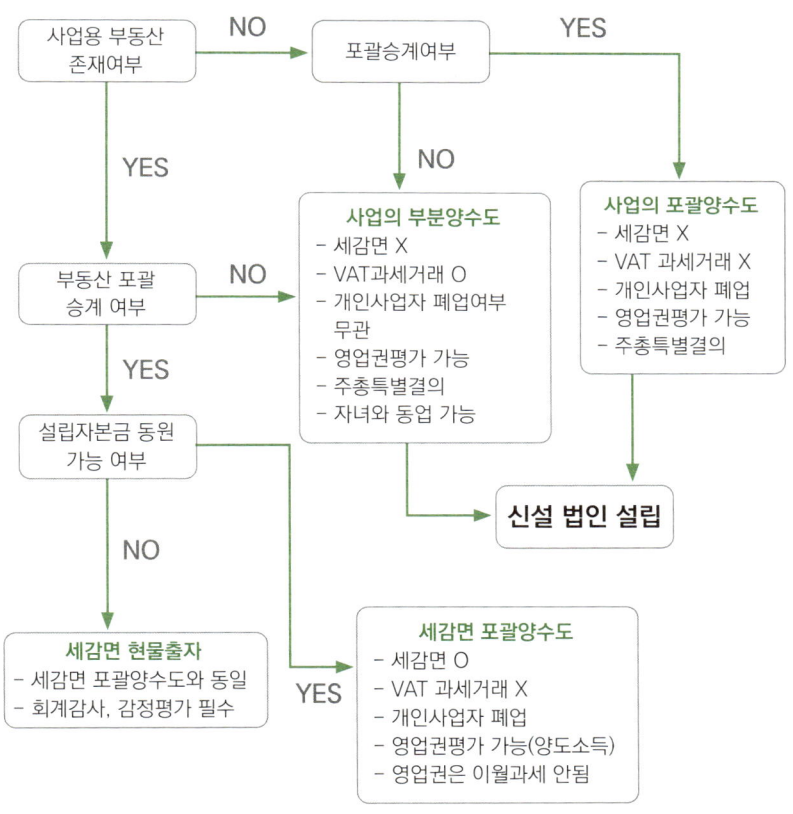

🔭 전환 방법 1: 현물출자 법인전환

　현물출자에 의한 법인전환은 개인기업의 법인전환 방법 중에서 조세 지원이 가장 큰 법인전환 방법이다. 세금지원 효과가 크기 때문에 토지 건물 등의 부동산을 가지고 있는 개인기업이 고려해 볼 수 있는 법인전환 방법이다.

　개인사업자가 보유 중인 사업용 자산(토지, 건물, 부동산 등) 및 부채를 포괄적으로 현물 출자하여 법인을 설립하는 방법이다. 출자하는 현물에 대해서는 감정평가사의 평가와 공인회계사의 감사보고서가 필요하다. 이렇게 준비된 서류를 통해 법원의 인가를 받게 되면 출자한 현물이 설립하는 법인의 자본금이 되어 법인을 설립한다. 절차가 복잡하고 시간과 비용이 많이 드는 단점이 있다. 그에 반해 양도소득세 이월과세 취득세 감면 등 다양한 조세 지원이 가능하다.

🔭 전환 방법 2: 세감면 사업양수도 법인전환

　세감면 사업양수도 방법은 현물출자 방법과 유사하나, 현물출자 법인전환과 달리 법인에 이전할 자산 규모에 상당한 규모의 현금이 있어야 한다. 현금으로 법인을 설립하고 그 자본금으로 자산을 인수하는 방법이다. 법인을 설립할 때 자본금은 개인기업의 자산 평가금액보다 많은 현금이 있어야 한다.

　예를 들어 개인기업을 결산했을 때 순 자산이 10억 원이라면, 설립하는 법인의 최소자본금은 10억 원 이상이 되어야 한다. 이 방법을 선택하기 위해서는 개인사업자가 거액의 현금을 준비해야 하는 어려움이 있다. 절차와 비용은 현물출자에 비하여 적지만 양도소득세와 취득세에 대하여 일정액의 조세 지원이 있으나 현물출자의 경우처럼 국민주택채권매입 의무가 면제되지는 않는다.

전환 방법 3: 중소기업통합에 의한 법인전환

중소기업 간의 통합은 중소기업자가 조세특례제한법의 요건을 갖추어 통합하는 경우 조세 지원을 받을 수 있으며, 개인과 법인을 구분하지는 않는다. 개인기업 간의 통합에 의한 법인 신설, 개인기업과 법인 중소기업 간의 통합에 의한 법인 설립, 법인 중소기업이 개인기업을 흡수 통합하는 방법으로 법인 전환하는 방법을 말한다. 중소기업통합 후의 기업형태는 법인으로 한정 한다. 현물출자 법인전환, 세감면 사업양수도와 마찬가지로 양도소득세와 취득세에 대한 다양한 세금에 대한 조세를 지원해 준다.

전환 방법 4: 신설 법인 설립

새로운 법인을 신설한 후 기존의 개인기업 자산과 부채 중 일부를 양수도 하는 방법이다. 기존 개인사업을 폐업할 수도 있고, 법인과 개인을 동시에 운영할 수도 있다. 법인을 설립하게 되면 자본금이 거액이 아닌 경우(일반적으로 1억 원 미만)에는 자녀, 배우자 등 가족 구성원이 자본금을 출자하여 가족법인 회사로 법인을 시작할 수 있다. 소득이 없는 자녀의 경우에는 증여공제제도를 활용한 사전증여를 통하여 금전을 미리 증여하면 본인의 자금으로 발기인이 되어 회사의 주주가 될 수 있다. 주주가 되면 배당을 받을 수 있어 향후 재무활동에 대한 자금출처의 근거를 마련할 수 있는 장점이 있다.

  개인기업이 부동산을 보유하고 있는 경우, 개인기업 소유의 부동산을 법인에 이전하지 않고 법인기업에 임대한 후 임대료를 개인이 받고자 할 때 이 방법을 선택하기도 한다. 임대료를 지급하는 법인은 비용처리가 되어 법인세를 줄이는 효과가 있다.

05
영업권의 활용

　영업권이란 통상적으로 권리금이라고 한다. 해당 기업이 가지고 있는 사업에 관한 우수한 경영능력 등 법률상의 지위, 사업상 편리한 지역적 우위, 영업상의 비법, 높은 대외적 신용도, 우수한 거래처 등 동종의 사업을 영위하는 다른 기업에 비하여 초과수익을 올릴 수 있는 재산적 가치를 말한다.

🔭 사업용 자산이 없는 개인기업의 법인전환

개인사업자가 부동산 등 고정자산이 없다면 간단하게 법인전환을 할 수 있다. 부동산이 없으므로 양도소득세 이월과세, 취득세 감면 등을 받을 실익이 없으므로 일반양수도 방식으로 법인전환을 하면 된다. 이때 개인기업의 영업권을 평가하여 법인과 양수도계약을 하면 개인과 법인 모두 절세가 가능하다.

🔭 영업권의 활용

개인기업의 사업주인 개인이 설립하는 법인에 평가받은 영업권을 양도하는 것이다. 기업 운영에 따른 경영능력, 영업상의 비밀, 우수한 거래처 등이 포함된 영업권을 신설하는 법인에 양도하게 되면 양도하는 개인기업의 사업주는 양도대금을 받고, 양수하는 법인은 그 대금을 지급하게 된다. 이렇게 양수도를 하게 되면 양도하는 개인은 받은 대금이 기타소득이 되어 소득세를 절세하고 양수하는 법인은 지급하는 대금이 법인의 비용으로 인정되어 법인세가 절세된다.

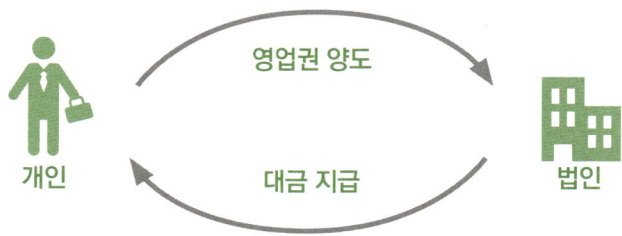

🔍 영업권을 양도하는 개인이 내는 세금

개인이 양도하는 영업권은 기타소득이다. 기타소득이란 일시적, 우발적으로 발생한 소득을 말한다. 타 소득과 달리 비용을 많이 공제해 준다. 전체 금액 중 60%를 비용으로 공제하여 40%에 해당하는 금액만 수익으로 인식한다. 개인은 수익의 22%(지방소득세 포함)에 해당하는 금액을 원천징수세로 차감한 후 나머지 금액을 받는다. 예를 들어 평가금액이 5억 원인 영업권을 양도하면 대금을 지급하는 법인은 5억 원 전체의 22%를 원천징수하지 않고 5억 원의 40%에 해당하는 2억 원을 기준으로 하여 4,400만 원(22%)을 원천징수한 후 나머지 금액을 개인에게 지급한다. 이러한 계산상의 차이로 인하여 영업권 5억 원에 대하여 1억 1,800만 원의 절세효과가 생긴다.

🔭 영업권을 양수하는 법인의 혜택

법인이 양수하는 영업권은 법인의 무형자산으로 분류한다. 무형자산은 5년 동안 감가상각을 할 수 있다. 매년 1억 원의 감가상각으로 법인세 2,090만 원을 줄일 수 있다. 5년 동안 절세되는 법인세는 1억 450만 원(지방소득세 포함)이다.

🔭 영업권 평가방법

법인전환 시 영업권의 평가는 상속 증여세법 제 60조에 따라 감정평가액이 있는 경우 그 평가액으로 평가하고 감정평가액이 없는 경우 상증법상 보충적 평가방법으로 한다고 하고 있다. 감정평가액의 평가는 당해 재산에 대하여 기획재정부령이 정하는 공신력 있는 감정기관이 평가한 감정한 가액이 있는 경우에는 그 감정한 가액으로 한다고 상속 증여세법 시행령 제 49조에서 정하고 있다.

보충적 평가방법은 상속 증여세법 시행령 59조에 "최근 3년간의 순손익액 가중평균액의 50%에서 평가 기준일 현재의 자기자본의 10%를 차감한 금액을 영업권의 지속연수인 통상 5년을 현재가치로 환산한 가액으로 한다."라고 정하고 있다.

보충적평가방법에 의한 영업권가액을 구하는 산식
[(최근 3년간 가중평균순손익액 × 50%) - (평가기준일 현재의 자기자본 × 10%)] × 평가기준일 이후 영업권의 지속연수

06

현물출자 법인전환

부동산 등 사업용 고정자산이 있다면 개인사업자의 법인전환 시 부동산 명의가 법인으로 이전을 해야 하는 경우가 있다. 이때 양도소득세 및 취득세 부담이 발생한다. 이러한 거액의 세금 때문에 법인전환을 고민한다. 이런 문제점을 해결하고자 조세특례제한법에서 일정한 요건을 갖추어 법인전환을 하면 양도소득세는 나중에 낼 수 있도록 하는 이월과세를 허용하고 있으며, 취득세는 상당 부분 감면을 받을 수 있도록 하고 있다.

🔍 현물출자의 개념

현물출자란 금전이 아닌 재산으로 하는 출자를 말하는 상법상의 개념이다. 상법상 자본금 출자는 금전으로 하는 것이 원칙이지만 필요한 경우 금전 외의 재산인 현물로 출자할 수 있다. 현물출자의 목적인 재산은 재무상태표에 자산으로 할 수 있는 동산·부동산·유가증권·특허권 등 무엇이든 가능하다.

한편 현물출자를 하는 경우 출자자가 현물출자자산을 과대평가하는 등의 방법으로 회사의 자본금을 부실화시킬 가능성이 있어 상법은 현물출자를 변태설립상황이라 하여 원시정관에 기재토록 하고 법원이 선임한 검사인의 조사를 받게 하는 등 이에 대한 보완장치를 마련하고 있다. 이러한 검사인은 공인된 감정인의 감정으로 갈음할 수 있다.

🔍 현물출자 법인전환의 장단점

자금부담의 완화와 조세 지원의 수혜라는 두 가지 장점이 있다. 사업양도양수에 의한 법인전환은 법인 설립 시 일단 현금출자를 하여야 하지만 현물출자에 의한 법인전환은 현물로 자본금을 출자하기 때문에 자금부담이 줄어든다. 또한, 조특법 소정의 요건을 충족하는 경우 양도소득세 등 각종 세금부담을 줄일 수 있다.

반면, 전환절차가 복잡하고 현물출자에 따른 비용이 추가된다. 첫째, 법인의 설립이 현물출자라는 변태설립을 함에 따라 법원 검사인 등의 조사를 받게 되어 절차가 복잡해진다. 둘째, 사업양도양수에 의한 법인전환은 먼저 법인을 설립한 후 개인기업을 양도 양수함으로써 법인전환이 되는 데 반해, 현물출자에 의한 법인전환은 법인 설립과 사업의 승계 과정이 같은 기간에 진행되며 법인 설립 때까지 비교적 많은 시간이 이루어진다. 셋째, 비용이 많이 든다. 구체적으로 자산감정료, 회계감사보수, 검사인 보수 등이 있다.

🔍 양도소득세 이월과세란

개인기업 소유 토지·건물 등 양도소득세 과세대상 자산을 법인에 현물로 출자하면 자산을 양도하는 경우와 마찬가지로 소득세법상의 자산양도다. 원칙적으로 자산양도에 따른 양도소득세를 내야 한다. 그러나 개인기업의 법인전환을 유도 및 지원하기 위하여 조특법 소정의 요건을 갖추어 신청하면 양도소득세를 이월해 준다는 것이다.

개인사업자의 사업용 고정자산을 법인전환 함에 따라 법인에 양도하는 경우 양도소득세 과세를 하지 않고, 사업용 고정자산을 양수한 법인이 당해 자산을 양도하는 경우 개인사업자가 종전 사업용 고정자산을 동 법인에 양도한 날이 속하는 과세기간에 다른 양도자산이 없다고 보아 계산한 소득세법 규정에 따른 양도소득 산출세액 상당액을 법인세로 납부하는 것을 말한다.

🔍 현물출자 법인전환의 절차

1단계: 개인기업의 당해 연도 1월 1일부터 폐업일인 법인전환 기준일까지 결산을 하여 개인기업의 순자산가액을 추정한다.

2단계: 개인기업의 순자산가액 추정(법인전환 기준일 현재로 평가)으로 법인 설립 등기 시 자본금(현물출자가액)을 결정한다. 이때 자본금은 현물출자가액보다 약간 높게 여유를 두고 결정해야 양도소득세 이월과세를 적용받는다.

3단계: 개인사업자와 신설법인의 대표이사 간에 현물출자 계약을 체결한다.

4단계: 설립 등기일 기준으로 20일 이내에 사업자등록증을 신청한다.

5단계: 검사인의 조사가 필요하다. 통상 공인된 감정평가사 혹은 공인회계사의 감정으로 검사인의 조사에 갈음한다. 법원은 검사인이나 감정인의 감정 결과와 발기인의 설명서를 심사한다.

6단계: 법인전환 기준일(개인기업의 폐업일)이 속한 달의 말일부터 25일 이내에 개인기업의 부가세 확정신고와 폐업신고를 한다. 폐업 사유는 법인전환에 의한 폐업으로 기재하면 된다.

7단계: 설립법인의 자본금을 개인기업의 순자산가액 이상으로 하여 변태설립사항에 대한 조사보고서 송달일부터 2주 이내 법인 설립 등기를 신청한다.

8단계: 법인 정관의 작성과 공증을 한다.

9단계: 부동산, 차량, 예금 등 명의 이전을 한다.

10단계: 현물출자일이 속한 달의 말일부터 2개월 이내 양도소득세 예정신고와 함께 이월과세 적용 신청서를 제출한다.

07
사례별 법인전환 방법

  일반적으로 개인사업자의 법인전환은 법인을 설립하고 동 법인에서 개인기업의 자산과 부채를 양수도 하는 방법으로 이루어진다. 그러나 각 개인기업의 업종과 보유 부동산 유무 등 다양한 상황에 따라 조특법의 지원을 받는 현물출자 등의 선택이 필요할 수도 있을 것이다. 이에 각 사례에 따른 법인전환의 방법과 그 이유를 살펴본다.

가. 자기의 사업장에서 제조업과 도·소매업을 하는 기업

현물출자 또는 세감면사업양수도 방법을 선택할 수 있다. 왜냐하면, 제조업과 도·소매업은 조특법상의 조세 지원을 받을 요건을 충족하면서 부동산을 소유하고 있기 때문이다.

나. 공장을 임차하여 제조업을 하는 경우

일반사업양수도 방법으로 법인전환을 하는 것이 좋다. 왜냐하면, 공장을 임차하고 있는 경우에는 조특법상의 조세 지원을 받을 부동산이 없는 경우이므로 법인전환 절차상 유리한 일반사업양수도 방법이 유리하다.

다. 자기의 사업장을 가지고 소비성 서비스업을 하는 경우

일반사업양수도 방법으로 법인전환을 하는 것이 좋다. 왜냐하면, 소비성 서비스업은 조특법상의 조세 지원을 받을 수 없는 업종이 아니다. 법인전환 절차상 유리한 일반사업양수도 방법이 유리하다.

라. 부인 소유의 공장에서 남편 명의로 제조업을 하는 경우

일반사업양수도 방법으로 법인전환을 하는 것이 좋다. 왜냐하면, 부인소유공장은 제조업을 영위한 사업자인 남편의 사업용자산이 아니므로 조특법상의 조세 지원을 받을 수 있는 자산이 아니다. 따라서 동 공장은 현물출자 등에 의한 법인으로 전환 시에도 조세 지원을 받을 수 없어서 남편 명의의 사업체만 일반사업양수도 방법으로 법인전환을 하면 된다.

마. 부동산임대업을 하는 경우

현물출자 또는 세감면사업양수도 방법을 선택할 수 있다. 왜냐하면, 부동산임대업은 조특법상의 조세 지원을 받을 수 있는 업종이고 부동산을 소유하고 있으므로 조세 지원을 받는 법인전환을 선택한 실익이 크기 때문이다. 현실적으로는 부동산 가액이 상당하므로 세감면사업양수도 방법으로 하기에는 많은 현금이 준비되어야 하므로 현물출자의 방법을 선택한다.

바. 소비성 서비스업과 제조업을 다른 장소에서 하는 경우

제조업은 현물출자 또는 세감면사업양수도 방법을 선택하고 소비성 서비스업은 일반사업양수도 방법을 선택한다. 왜냐하면, 개인기업의 법인전환은 사업장별로 할 수 있으며 한 개인사업자의 전체 사업장이 동시에 전환되어야 하는 것은 아니다. 따라서 조특법상의 조세 지원 요건에 해당하는 제조업을 영위하는 사업장의 경우는 현물출자 등 조세 지원을 받는 법인전환 방법을 선택하며, 조세 지원 요건이 해당하지 않는 소비성 서비스업의 사업장은 절차가 간편한 일반사업양수도 방법을 선택한다.

3부

법인전환에 따른 절세효과

01 소득세 개요

02 분류과세와 분리과세

03 종합소득세 절세

04 법인기업의 절세 최적화 방안

01 소득세 개요

　소득세는 컨설팅하는 개인사업자 혹은 법인사업자 모두에게 아주 중요한 이슈이다. 개인사업자는 사업소득에 대하여 절세 욕구가 아주 높다. 또한, 법인사업자의 대표도 회사로부터 받는 급여, 상여, 배당, 퇴직금 등 다양한 소득 절세에 상당히 많은 고민을 하고 있다. 이러한 욕구를 충족시키기 위해서 소득세 구조의 면밀한 학습이 필요하다.

🔍 소득세 개념

개인이 내는 소득세는 소득세법에 따른 개인소득을 의미한다. 소득세법에 따라 거주자는 모든 소득에 대하여 과세하지만, 비거주자는 국내 원천소득에 대하여만 과세한다. 과세하는 소득은 8가지 소득으로 열거하여 각 소득에 달리 세금을 부과한다. 6가지 소득을 묶어 종합소득으로 합산하여 과세하고 나머지 퇴직소득과 양도소득은 구분하여 과세한다. 이렇게 분류하여 과세하는 것은 소득세의 세율이 누진과세로 이루어져서 소득의 발생 원천에 따라 세금을 다른 방식으로 부과하기 위함이다. 1월 1일부터 12월 31일까지 발생한 소득을 과세대상으로 한다. 거주자는 소득금액이 있으면 해당 연도의 다음 연도 5월 1일부터 5월 31일까지 납세지 관할 세무서장에게 신고·납부해야 한다.

🔍 소득의 종류

개인이 벌어들이는 소득은 소득의 형성에 따라 구분한다. 근로자가 고용계약이나 고용 관계에 의한 근로를 제공하고 받는 근로소득, 개인이 계속 반복적으로 행하는 사업에서 얻어지는 소득인 사업소득, 원금에 대한 이자 명목으로 얻어지는 소득인 이자소득, 주식 및 출자금의 이익분배로 발생하는 소득인 배당소득, 근로자 또는 개인이 일정한 기간 기여금을 낸 후 퇴직하거나 특정한 사유가 발생하였을 때 매년 일정액을 받는 연금소득, 상금·사례금·복권당첨금 등 일시적으로 발생한 소득인 기타소득, 자산의 양도로 발생하는 소득인 양도소득, 상당 기간 근로를 제공한 자가 퇴직을 원인으로 일시에 받는 소득인 퇴직소득, 이렇게 8가지로 구분한다.

🔭 소득금액이란

소득금액이란 소득에서 비용을 공제하여 계산된 금액을 말한다. 다만, 분리과세로 과세가 종결된 소득은 제외한다.

- 이자소득: 별도의 비용공제가 없음
- 배당소득: 별도의 비용공제가 없음
- 연금소득: 연금소득공제(3.3~5.5%)를 비용으로 공제
- 근로소득: 비과세소득, 근로소득공제를 비용으로 공제
- 기타소득: 소득의 60%를 비용으로 공제
- 사업소득: 실제 사용한 비용을 공제

🔭 소득세율

개인이 벌어들이는 소득은 누진과세에 의해 세금이 계산된다. 총 8단계로 나누어 구간별 과세한다. 최소 6%(1,400만 원 이하)부터 최대 45%(10억 원 초과)의 세율을 과세표준에 곱하여 내야 할 세금을 계산한다.

만약 과세표준이 1억 원이라면 아래 그림과 같이 A 구간은 6%, B 구간은 15%, C 구간은 24%, D 구간은 35%로 계산한다. 이렇게 계산한 금액은 1,956만 원이다.

(1,400만 원) × 6% + (5,000만 원 - 1,400만 원) × 15% + (8,800만 원 - 5,000만 원) × 24% + (1억 원 - 8,800만 원) × 35%

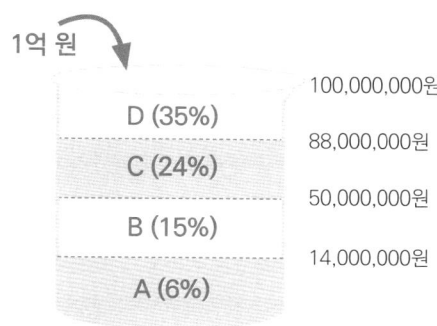

참조) 종합소득세율

	과세표준	세율
①	1,400만 원 이하	6%
②	1,400만 원 초과~5,000만 원 이하	15%
③	5,000만 원 초과~8,800만 원 이하	24%
④	8,800만 원 초과~1억 5,000만 원 이하	35%
⑤	1억 5,000만 원 초과~3억 원 이하	38%
⑥	3억 원 초과~5억 원 이하	40%
⑦	5억 원 초과~10억 원 이하	42%
⑧	10억 원 초과	45%

지방소득세 10% 별도

🔭 세금을 간단하게 계산하는 방법

과세표준에 해당하는 세율을 곱하고 누진 공제를 차감하면 된다.

과세표준	세율(%)	누진공제(만 원)
1,400만 원 이하	6	-
5,000만 원 이하	15	126
8,800만 원 이하	24	576
1.5억 원 이하	35	1,544
3억 원 이하	38	1,944
5억 원 이하	40	2,594
10억 원 이하	42	3,594
10억 원 초과	45	6,594

앞의 사례와 같이 과세표준이 1억 원이라면 A, B, C, D 구간으로 나누어서 구간별 계산하지 않고, 1억 5,000만 원 이하의 세율인 35%를 곱하고 1,544만 원(누진공제)을 차감하여 계산한다.

1억 원 × 35% - 1,544만 원 = 1,956만 원

02

분류과세와 분리과세

　소득세법은 8가지 소득을 3가지 종류로 분류하여 과세하고, 종합소득으로 과세하는 6가지 소득을 각기 기준점을 마련하여 일정액 이하의 소득은 낮은 세율로 분리하여 과세를 종결시키는 제도를 시행하고 있다. 이렇게 하는 이유는 누진세율에 의해 과도한 세금의 부과를 막기 위해서다.

🔭 분류과세

근로소득, 사업소득, 이자소득, 배당소득, 연금소득, 기타소득, 퇴직소득, 양도소득을 소득 발생 원천에 따라 세 분류로 나누는 것을 분류과세라고 한다. 6가지 소득을 합하여 종합소득으로, 성격이 다른 퇴직소득, 양도소득을 각각 분류하여 과세한다. 이렇게 과세하는 이유는 양도소득이나 퇴직소득은 오랜 기간 실현되지 않고 한 번에 발생하는 거액의 소득이기 때문이다. 만약, 이 소득을 일반소득과 합쳐 종합과세를 한다면 누진세율을 적용받아 납세자는 세금폭탄을 맞을 수 있기 때문이다.

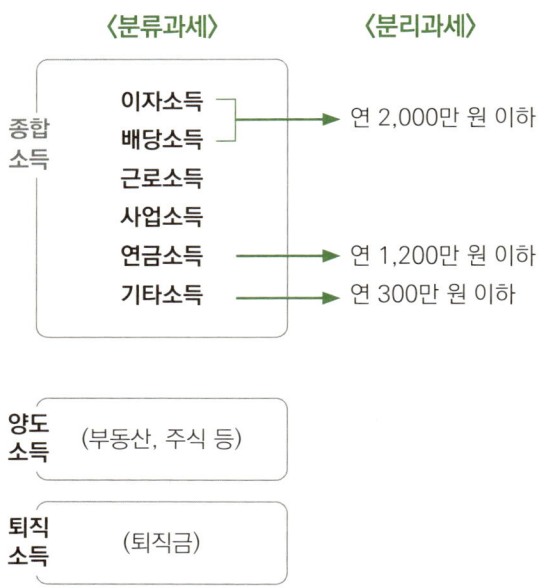

🔍 분리과세되는 5가지 소득

분리과세란 종합소득에 포함된 6가지 소득 중 일부에 대하여는 다른 소득과 합산하지 않고 분리하여 납세의무가 종결되는 것을 분리과세라고 한다. 예를 들면, 은행에서 소비자에게 이자를 지급할 때 일정 세금을 미리 원천징수하고 지급하면 이자를 받은 소비자는 이자소득에 대하여 다시 세금신고를 하지 않아도 된다. 이렇게 마무리되는 방식을 분리과세라고 한다.

분리과세 1: 금융 소득

이자와 배당과 같은 금융 소득이 2,000만 원 이하일 경우, 분리과세로 과세종결한다. 이자에 대한 원천징수 세율은 14%다. 다만, 금융업이 주된 업무가 아닌 기관에서 이자를 지급할 때에는 25%에 해당하는 세금을 징수한다. 이러한 금융 소득이 2,000만 원을 초과할 경우 다른 소득과 합산하여 종합소득신고를 해야 한다.

분리과세 2: 주택임대소득

사업소득 중 주택임대소득이 2,000만 원 이하일 경우, 2019년부터 14%의 세율로 분리과세 가능하다. 2,000만 원을 초과하면 임대소득금액 전체가 종합소득세에 합산된다. 반면, 상가임대소득은 소득금액에 상관없이 종합소득에 포함된다.

분리과세 3: 연금소득

사적으로 가입한 연금(연금저축 펀드, 연금저축보험, 개인형 퇴직연금 IRP)에서 받는 연금소득은 수령액이 연 1,200만 원 이하인 경우, 분리과세가 된다. 단, 수령연금이 1,200만 원을 초과하게 되면 다른 소득과 합산하여 종합소득신고를 해야 한다. 국민연금, 공무원연금, 군인연금, 사학연금과 같은 공적연금 중 유족연금, 장애연금, 상이연금은 비과세 연금소득에 해당한다.

분리과세 4: 기타소득

일시적 우발적 소득인 기타소득은 소득금액을 기준으로 300만 원 이하인 경우, 분리과세 된다. 기타소득은 60%를 비용으로 인정해 주므로 기타소득이 750만 원이면, 60%인 450만 원을 비용으로 공제하면 300만 원의 소득금액이 발생한다. 즉, 기타소득으로 750만 원 이하인 경우, 분리과세가 된다. 초과하게 되는 부분은 종합소득에 합산한다.

분리과세 5: 일용직 근로소득

일용직 근로자에게 지급하는 일당은 세율 6%의 소득세만 부담하면 분리과세 된다. 일 급여에서 150,000원을 차감한 금액에 45%와 6%를 곱하여 소득세를 구한다. 이렇게 계산한 금액이 1,000원 미만인 경우, 부담할 세금이 없다.

사례학습) 다음의 '홍길동' 사례를 통하여 분류과세와 분리과세가 왜 필요하며, 어떻게 적용되는지 살펴보자.

50대 '홍길동'은 작년 3월, 30년간 다니던 회사를 그만두며 퇴직금을 받았다. 그 돈으로 피자집을 창업하고 삼성전자 주식을 샀다.

그리고 그간의 경험을 토대로 몇 차례 강의도 하였다. 또한, 이사를 하면서 기존 살고 있던 아파트도 5억 원(10년 전 3억 원에 매입)에 팔았다.

이러한 경제활동을 한 홍길동의 작년 수입을 정리해 보면 다음과 같다.

· 회사를 그만두기 전까지 받은 월급 2,000만 원
· 회사를 그만두면서 받은 퇴직금 3억 원
· 피자집을 운영하면서 벌은 소득 5,000만 원
· 삼성전자 주식의 배당금으로 받은 소득 100만 원
· 강의출강을 통해서 받은 강의료 100만 원
· 아파트 매매로 인한 차익 2억 원

홍길동은 근로자가 아니므로 작년 1년 동안 벌어들인 수익에 대하여 올해 5월 31일까지 종합소득세를 신고해야 한다. 수익을 다 더해 보면 572,000,000원이다. 전체 수익에 대하여 소득세를 적용하면 과세표준이 5억 원을 넘어가므로 최대 42%의 세율이 적용된다. 이렇게 계산한 세금은 약 2억 원이다.

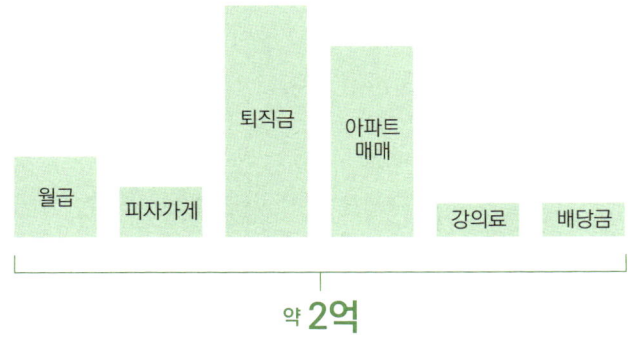

그런데 자세히 살펴보면 벌어들인 6가지 소득의 발생 원천이 다르다. 특히 퇴직금 3억 원은 작년에 받았지만 실제로는 30년 동안 근무한 대가로 받은 것이고, 아파트 매매로 인한 차익 2억 원은 작년에 발생한 것이 아니라 10년 동안 누적된 차익이라고 보아야 한다. 그러므로 모든 소득을 함께 합하여 계산하는 것이 아니고, 타 소득과 분류하여 각각을 과세표준으로 하여 세액을 계산해야 한다. 강의출강으로 받은 강의료와 배당금은 소득세법에 따라 분리과세 한다. 홍길동은 강의를 주업으로 하는 강사가 아니므로 강의료는 일시 우발적 수입인 기타소득이다. 강의료를 지급할 때 이미 원천징수(8.8%)하였다. 그리고 삼성전자 배당금 역시 배당금을 지급할 때 원천징수(15.4%)하여 과세를 종결하여 추가적 종합소득 신고를 할 필요가 없다. 분류과세와 분리과세를 한 후 계산한 세금은 약 6,500만 원이다.

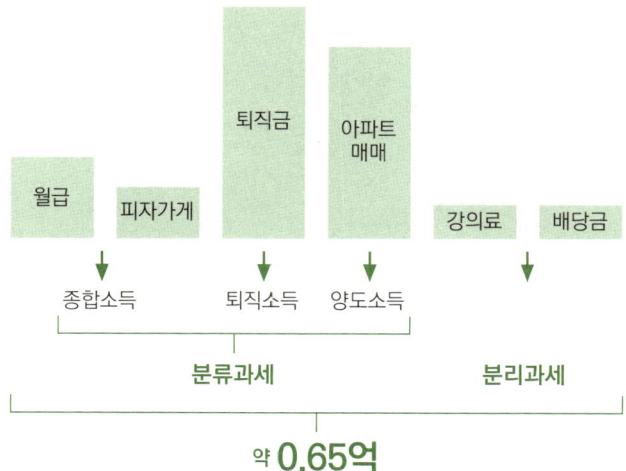

03

종합소득세 절세

　개인사업자는 매년 5월 31일에 전년 1월 1일부터 12월 31일까지 발생한 사업소득을 5가지 소득(근로소득, 이자소득, 배당소득, 연금소득, 기타소득)과 합산하여 종합소득세를 신고·납부한다. 이때 과도한 세금으로 힘들어 하는 사업주들이 많다. 저자가 추천하는 4가지 절세방법을 활용한다면 부담에서 벗어날 수 있을 것이다.

🔍 절세방법 1: 적격증빙을 잘 챙겨라.

적격증빙을 통한 필요 경비가 많다면 종합소득세를 절세할 수 있다. 적격증빙은 세금계산서, 신용카드영수증, 현금영수증, 계산서 등이 있다. 모두 상대방에 대한 정확한 정보가 명시되어 있다. 왜냐하면, 이러한 증빙을 발행한 거래상대방은 그에 상응하는 매출의 부가가치세와 소득세가 부과되기 때문이다. 내가 임의로 만들어서 제출할 수 없는 증빙이다. 그러므로 이러한 증빙은 잘 챙겨야 한다.

실제 지출은 했지만, 증빙을 챙기지 않아 빠뜨리는 것이 경조사비다. 경조사에 대한 적격증빙은 간단한 증빙(문자 등)으로 경비처리가 가능하다. 기업을 운영하면서 필요한 접대비를 개인기업은 세법상 연간 3,600만 원에 추가로 매출의 0.3%(100억 미만)를 한도로 허용하고 있다. 업무상 참석한 경조사에 대하여 1회당 20만 원을 초과하지 않는다면 전액 경비로 처리할 수 있다. 반드시 챙겨야 한다. 만약, 1년에 50번 경조사에 참석하면 개인사업자가 종합소득세로 내는 세금 350만 원(소득세율 35% 가정)을 절세할 수 있는 가장 강력한 적법한 절세수단이 된다.

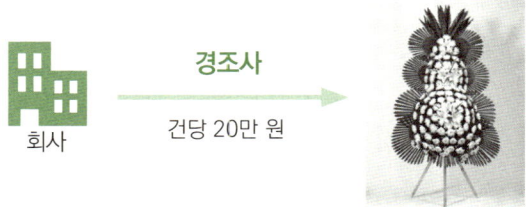

또한, 필요 경비 중 가장 큰 비용을 차지하는 판매관리비 항목이 인건비다. 이러한 인건비는 반드시 지급에 따른 증빙을 가져야 한다. 인건비에 대한 적격증빙은 인건비 지급에 따른 원천징수세 신고서가 증빙서류이다. 근로자에게 지급한 갑근세 신고서, 일용직 근로자에게 급여를 지급한 원천징수 이행상황신고서, 사업소득 원천징수영수증, 기타소득 원천징수 신고서 등을 말한다.

인건비 중 근로자가 아니라 4대 보험을 신고하지 않는 일용직 근로자에게 지급하는 임금은 2.97%, 프리랜서는 3.3%, 기타소득은 22%를 원천징수한 후 원천징수세 신고하면 사업자의 적격비용으로 인정받아 세금을 줄일 수 있다.

만약, 이렇게 지급하는 금액이 연 4,000만 원이라면, 인건비를 비용으로 신고하지 않음으로 종합소득세를 1,400만 원(소득세율 35% 가정) 더 내야 한다. 반드시 임금을 지급할 때 원천징수세 신고를 하여야 한다.

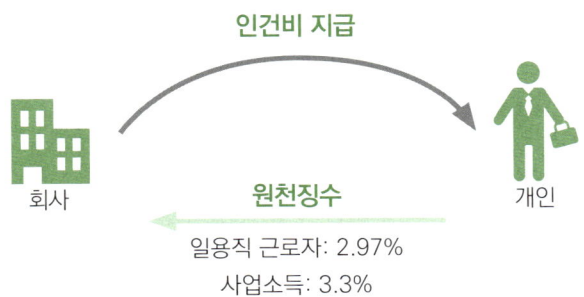

🔭 절세방법 2: 근무하는 가족에게 급여를 지급해라.

가족이 사업장에 근무하면서 급여를 받지 않는 경우가 많다. 받는 급여에 발생하는 근로소득세와 4대 보험료의 부담 때문이다. 그러나 가족에게 급여를 지급하면, 지급하는 인건비는 사업주의 적격비용이 된다.

가족에게 月 200만 원의 급여를 지급하면 추가적인 소득세와 4대 보험료는 약 15%다. 만약, 사업주의 과세표준이 1억 원이 넘어선다면 소득세와 4대 보험으로 약 40%의 세율을 적용받는다. 비교하면 25%의 차이가 있다. 年 2,400만 원의 급여를 가족에게 지급하면 약 600만 원의 종합소득세를 절세할 수 있다. 반드시 근무하는 가족에게 급여를 지급하여 인건비 처리를 해야 한다.

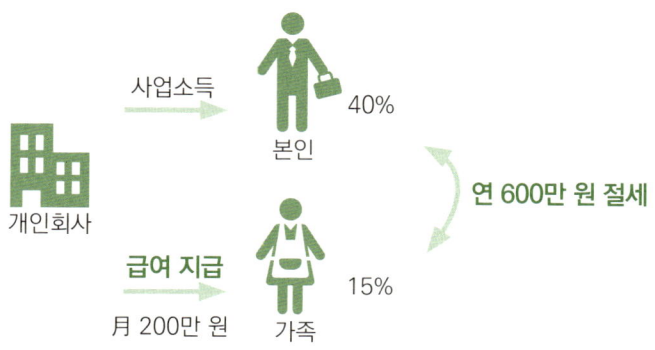

🔍 절세방법 3: 공동사업으로 운영해라.

소득세는 각 개인의 소득이 높을수록 많은 세금을 부과하는 누진세 방법으로 계산한다. 실질적으로 동업을 하는 경우와 사업장에 근무하는 가족이 있다면 공동사업으로 운영하면 세금을 많이 줄일 수 있다. 공동사업을 하게 되면 소득을 분산시켜 한계세율을 낮출 수 있기 때문이다.

예를 들어 사업자 1인의 과세표준이 2억 원인 경우, 소득세는 5,606만 원이지만 공동사업을 하게 되면 사업자 2인은 각각 과세표준이 1억 원이다. 과세표준 1억 원에 대한 소득세는 1,956만 원으로 2명을 합한 소득세는 3,912만 원이다. 혼자서 사업장을 운영하는 것과 비교하면 공동사업으로 5,606만 원의 약 30%인 1,694만 원의 소득세를 절세할 수 있다.

🔍 절세방법 4: 일정 금액이 넘어서면 법인으로 전환해라.

개인사업자는 사업에서 발생한 소득에 대해 최고 49.5%(지방소득세 포함)의 세금을 부담해야 한다. 앞에서 제시한 3가지 절세에 대한 전략은 일정 소득이 넘어서면 절세효과가 아주 미비하다. 그러나 법인으로 전환하면 일정 소득금액을 넘어서는 부분에 대하여 절세효과가 아주 강력하다.

법인기업은 사업에서 발생한 소득을 여러 형태로 분산할 수 있다. 임원으로서 근로소득과 퇴직소득, 주주로서 배당을 받아 소득을 분산하고 가족 구성원을 임원과 주주로 참여하게 하여 소득을 다변화할 수 있다. 이러한 소득 분산전략은 강력한 절세전략이 된다. 임원과 주주로 등재된 자녀에게 소득을 발생시키면 상속세 재원 마련에 대한 준비와 기업승계에 대한 전략도 마련할 수 있다.

04

법인기업의 절세 최적화 방안

　개인사업자는 사업으로 발생한 수익에 대하여 사장 1인의 사업소득으로 소득세법에 따라 고율(최대 45%)로 과세한다. 하지만, 법인은 개인기업과 달리 사장의 급여를 비용으로 인정받아 공제한 나머지 금액을 법인세법에 따라 저율(보통 9%, 19%)로 과세한다. 남은 수익은 법인에서 잉여금으로 보유 후 사업확장과 재투자 자금으로 활용하고 일정액은 주주에게 배당금으로 지급한다.

🔍 개인기업과 법인기업의 세금 비교

개인기업에서 발생한 사업소득(과세표준)은 소득세율에 따라 과세한다. 소득세율 38%를 적용하면 세금이 5,660만 원이다. 개인기업의 사장은 사업소득 2억 원에서 소득세 5,660만 원을 공제한 나머지 1억 4,400만 원을 자유롭게 사용할 수 있다.

2억 원 × 38% - 1,994만 원 = 5,606만 원

반면, 법인기업에서 발생한 사업소득(과세표준)은 법인세법에 따라 과세한다. 법인세율 9%를 적용하면 세금이 1,800만 원이다. 그러나 사업소득 2억 원에서 법인세 1,800만 원을 공제한 나머지 1억 8,200만 원은 대표 개인이 아닌 법인소유이다. 이 금액을 법인에서 가져올 때 소득세를 내야 한다.

2억 원 × 9% = 1,800만 원

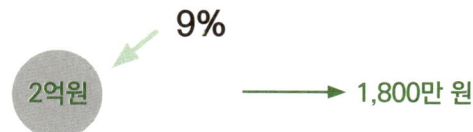

🔭 법인기업 소득 다양화에 따른 세금 비교

사업소득 2억 원에 대하여 개인기업이 내야 할 소득세는 5,606만 원이다. 반면, 법인기업은 대표에게 급여를 얼마를 지급하느냐에 따라 법인세가 달라지고 그에 따라 유보되는 잉여금도 달라진다.

첫 번째는 급여를 받지 않고 법인세를 내고 나머지 잉여금 1억 8천만 원을 전액 배당받는 경우다. 두 번째는 급여 1억 원, 배당 9천만 원 받는 경우이며 세 번째는 급여 1억 5천만 원, 배당 4천만 원 받는 경우이며 네 번째는 급여 2억 원 받는 경우이며 다섯 번째는 두 명이 각 급여 4천만 원, 4명이 배당 각 2천만 원 받는 경우이며 마지막은 급여를 많이 받지 않고 일정액을 퇴직금으로 적립하여 가져오는 방법이다. 이렇게 하면 최대 4,310만 원, 77%의 세금을 절세할 수 있다.

개인기업 소득세	법인기업 소득 다양화 방법에 따른 6가지 case		차액
5,606만	case 1	급여(0) / 배당(1.8억)	+292만
	case 2	급여(1억) / 배당(0.9억)	△690만
	case 3	급여(1.5억) / 배당(0.4억)	△890만
	case 4	급여(2억) / 배당(0)	△744만
	case 5	급여(2명), 배당(4명)	△2,404만
	case 6	**급여, 퇴직금(2명), 배당(4명)**	**△4,310만**

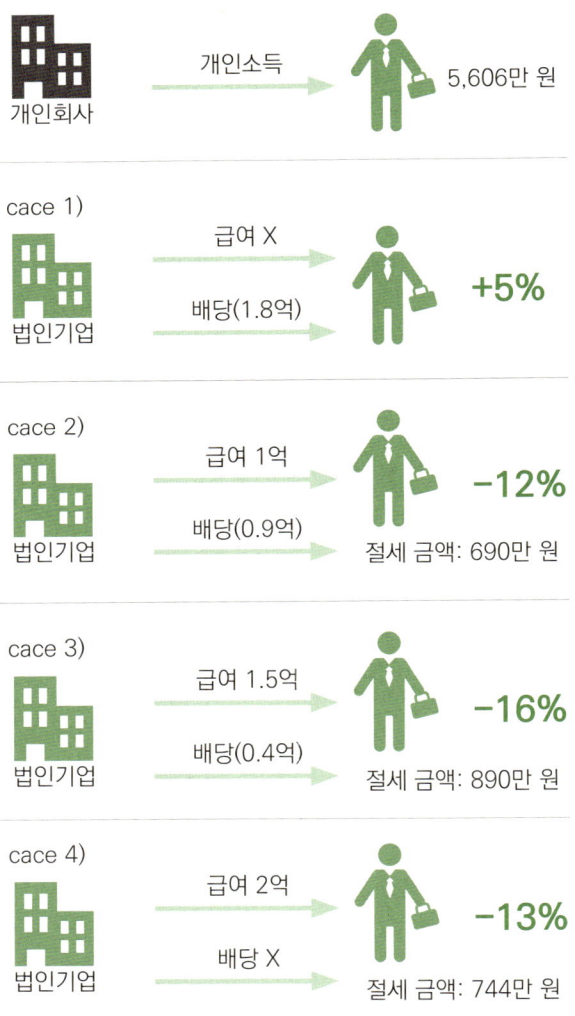

cace 5)

cace 6)

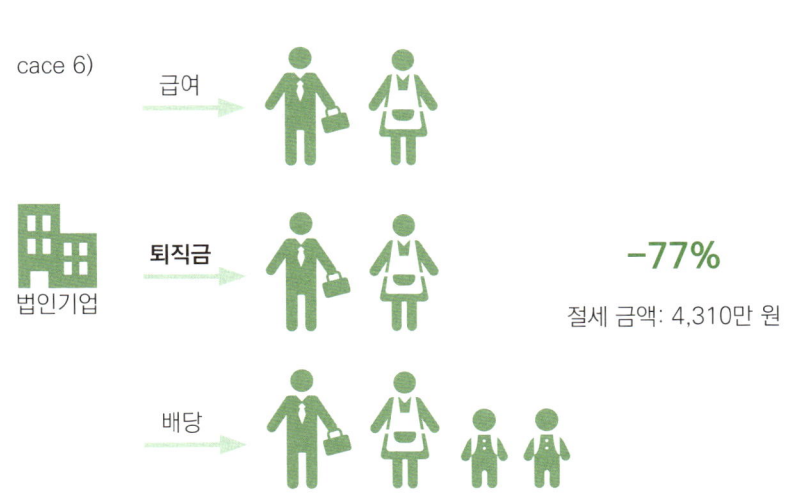

4부

법인설립

01 법인을 설립할 때 결정해야 할 내용

02 사례에 따른 적정한 자본금 설정

03 가족법인으로 설립하기

04 과점주주와 차명주주

05 신설하는 법인의 정관 작성

01
법인을 설립할 때 결정해야 할 내용

    법인기업은 상법 절차에 따라 법원에 설립 등기를 해야 사업을 시작할 수 있다. 이러한 법인 설립은 보통 법무사를 통해서 한다. 법무사에게 위임하면 절차적으로 편리하지만, 일정액의 비용이 발생한다. 요즘은 법인 설립도 인터넷을 통하여 비용을 지급하지 않고 간편하게 혼자서도 법인을 설립할 수 있다. 중소기업청에서 제공하고 있는 온라인 법인설립시스템을 이용하면 된다. (https://www.starbiz.go.kr)

🔍 결정 1: 회사 이름의 결정

개인기업과 달리 법인은 관할 법원의 규제를 받는다. 같은 관할구역 법원 내에서 다른 법인이 점유하고 있는 법인 이름은 등기를 할 수 없다. 그러므로 설립 전에 대법원 인터넷 등기소를 통해 미리 사용하고자 하는 법인 상호를 검색하여야 한다. 동일 관할구역 내 동종업종에서 사용하고 있는 동일 상호는 사용할 수 없다. 한글 이름은 띄어쓰기를 할 수 없고, 한글과 영어를 섞어서 사용할 수 없다.

참고) 인터넷 등기소를 통하여 동일 상호 찾는 법

① 인터넷 등기소 홈페이지 접속(http://www.iros.go.kr)

② 화면 하단의 "법인 상호검색" 클릭

③ 등기소를 선택하고, 검색창에 원하는 상호를 입력

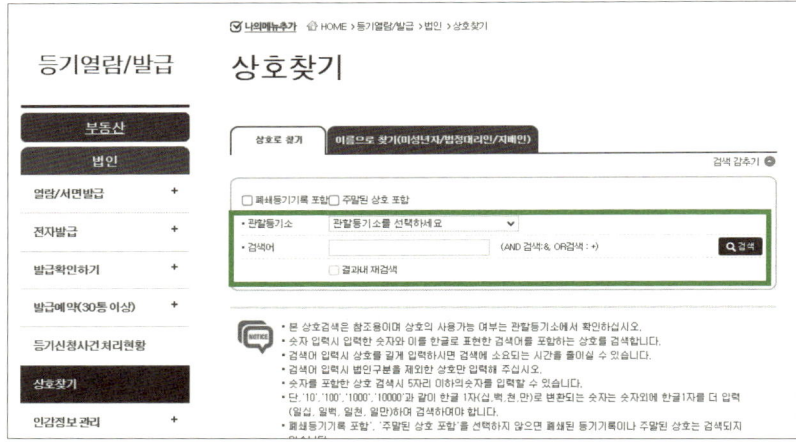

④ 검색된 결과를 확인한 후, 사용하면 됨

🔎 결정 2: 법인의 본점 주소 결정

법인 설립 등기를 하기 위해서는 법인 본점 주소가 필요하다. 등기 필수요건이기 때문이다. 그러나 법인이 존재하지 않기 때문에 법인의 이름으로 임대차계약을 할 수 없다. 이 경우 임대차계약을 할 때 대표이사 이름으로 계약한 뒤 법인이 설립되면 계약자를 법인으로 변경한다는 특약을 넣는 방법을 이용한다. 아직 주소가 정해지지 않았다면 임시 주소로 법인을 설립해도 되지만 사업장 주소와 법인 주소가 같지 않으면 주소 이전등기를 추가로 해야 한다.

개인사업자의 주소지에서 법인전환을 하기 위해서 법인을 신설할 때에는 사용하고 있는 당시 사업장 주소를 기재하면 된다. 일부 통신판매업, 소프트웨어 제작업, 컨설팅업은 사용하고 있는 가정집을 사업장으로 사용하고자 하면 그 주소를 본점 주소로 정할 수 있다. 다만, 일부 업종은 사업자 등록을 위해 세무서에 신청할 시 사업자 등록이 거절될 수도 있다.

🔎 결정 3: 공고 방법의 결정방법

공고란 상법 규정에 따라 회사의 주요 경영사항과 관련된 내용을 주주·투자자와 같은 회사 이해관계자들이 알 수 있도록 공신력이 있는 매체에 게재하는 것을 말한다. 법에서 정하고 있는 공고 방법으로는 신문공고와 전자공고가 있다. 2009년 상법 개정으로 회사의 인터넷 홈페이지에 공고를 게재할 수 있다. 또한, 회사가 정관에 정하는 바에 따라 전자적 방법(인터넷 홈페이지)으로 할 수 있다.

설립 후에도 공고 사유가 발생하면 반드시 공고 절차에 따라 공고를 하여야 하며, 공고의무를 다하지 않는 경우 과태료가 발생한다. 현행 상법에서는 신주발생, 유상증자 등 몇몇 절차에 대하여 공고의무를 부과하고 있다.

🔎 결정 4: 1주의 금액, 발행할 주식의 총수, 발행주식의 수의 결정

법인을 설립할 때 반드시 자본금이 필요하다. 상법상 주식회사에 자본금을 출자하는 주주의 돈을 1주의 금액이라는 출자단위로 표시하는 것이다. 회사가 설립 시 발행할 주식의 총수에 곱하면 설립 시 회사의 자본의 규모를 명확히 할 수 있다. 상법 제 329조에서는 액면 주식의 금액은 균일하여야 하고, 그 금액은 100원 이상이어야 한다고 규정한다. 일반적으로 100원, 1,000원, 5,000원, 10,000원으로 한다.

발행할 주식의 총수는 회사가 미래에 발행할 주식의 수를 말한다. 이는 회사를 운영하면서 미래에 발행할 주식의 상한선을 의미하므로 설립 등기를 신청할 때 반드시 정한다. 발행할 주식의 총수는 한계치가 없어 1천만 주, 1억 주 등으로 정할 수 있지만, 실무상 대부분 1백 만주로 정한다. 과거 상법(2011년 4월 14일 삭제)은 회사가 발행하는 주식의 총수는 발행할 주식 총수의 4분의 1 이상이라고 정했지만, 현재는 회사가 발행할 주식의 총수에 대한 제한이 없다.

발행할 주식의 총수는 출자하는 자본금에 따라 1주의 금액과 발행주식의 수를 맞추어서 정하면 된다. 보통 자본금이 1억 원이라고 가정하면 1주의 금액과 발행주식의 수를 5,000원과 20,000주 혹은 10,000원과 10,000주로 한다.

🔍 결정 5: 사업목적 사항의 결정

법인은 설립 시 등기부 등본에 사업목적을 기재해야 한다. 기재된 사업목적이 사업자등록증상 업종, 업태에 들어갈 수 있기 때문이다. 법인은 개인사업자와 달리 기재되어 있는 목적 사항 범위 안에서 사업을 영위할 수 있다. 그러므로 현재하는 사업과 이에 따르는 부수적인 사업 또는 앞으로 진행될 사업까지 기재를 하면 된다. 다만, 광범위하게 기재할 수 없고, 구체적으로 기재해야 한다. 예를 들면 제조업이 아닌 철강 제조업으로 하여야 한다. 사업자등록증에는 지금 진행하는 사업의 업태와 종목만 필요하지만, 차후에 진행할 사업을 미리 기재한다면 향후 사업목적 변경으로 인하여 추가적인 변경등기에 따른 비용과 시간을 절약할 수 있다.

🔍 결정 6: 대표이사, 이사, 감사 정하기

법인회사의 이사는 3인 이상이 원칙이나, 자본금이 10억 미만인 경우, 이사를 1인으로 할 수 있으며 감사는 두지 않아도 된다. 과거의 관행에 따라 3명의 이사와 1명의 감사가 필요하지 않고 1명의 이사로 설립이 가능하다. 그러나 일반적으로는 1명의 사내이사와 1명의 감사로 임원을 구성하는 회사들이 많다. 이렇게 하는 이유는 발기 설립 시 이사와 감사는 회사 설립에 관한 사항이 법령 또는 정관 규정을 위반하고 있지 않은지 조사하여 발기인에게 보고하여야 한다. 하지만 이사와 감사 중 발기인이었던 자는 조사 보고를 하지 못해 공증인을 따로 선임하여 조사 보고를 해야 해서 추가적인 비용이 발생하기 때문이다. 10억 원 미만의 발기 설립의 경우, 주식이 없는 이사 또는 감사를 임원으로 정한다.

🔭 결정 7: 주주 구성 시 지분율의 결정

조세감면을 받는 현물출자 또는 세감면양수도 방법으로 법인전환을 하는 경우, 개인기업의 순 자산에 해당하는 거액의 금액을 개인기업의 사업주가 현물이나 자본금으로 출자해야 한다. 이 경우에는 현재 개인기업을 하는 사업주가 100%의 주주가 되므로 주주 구성을 전략적으로 선택할 여지가 별로 없다.

그러나 일반적으로 신설법인으로 사업을 시작할 때에는 전략적 주주 구성이 필요하다. 개인기업의 사업주가 100%의 지분을 가진 것이 아니라 가족법인으로 법인을 설립하는 것이다. 법인을 설립할 때 필요한 소액의 자본금(통상 1,000만 원, 2,000만 원)을 가족 구성원들이 나누어서 출자하여 주주로 참여하면 향후 법인에서 발생한 이익에 대하여 다양한 출구전략을 통해서 세금을 줄일 수 있기 때문이다.

🔭 결정 8: 자본금의 결정

자본금이란 회사 설립과 운영을 위해 회사에 내는 자금이다. 사업 초기 회사가 고정적으로 필요한 비용을 책임지고 기반을 다지는데 필요한 기초자금으로 필요하다. 현재는 상법이 개정되어 1주의 금액이 단돈 100원만으로도 회사를 설립할 수 있다. 그러나 향후 거래하는 은행 등 금융기관이 회사의 규모와 안전성을 판단할 때 자본금이 회사의 공신력을 나타낼 수도 있으므로 신중하게 결정해야 한다. 그렇다고 무조건 자본금이 많은 것이 좋지는 않다. 자본금이 많다면 상대적으로 사업에 대한 리스크를 줄일 수 있지만, 능력에 비해 많은 자본금을 투입하면 세금이 과도하게 발생하게 되며 부대비용도 많아진다. 필요하지 않은 선에서 많은 자본금은 오히려 독이 되기도 한다.

  법인 설립 시 소요되는 비용 면에서 살펴보면 자본금을 2,800만 원 이하와 초과로 구분할 수 있다. 자본금 100원에서 2,800만 원까지는 공과금이 같지만, 2,800만 원 이상으로는 자본금의 액수에 따라 공과금이 많아진다. 등록세, 교육세, 법원수수료, 법무사 수수료 등 법인 설립으로 발생하는 비용만을 생각한다면 자본금은 2,800만 원이 적절하다.

  설립에 필요한 비용적 측면에서 기준점은 있지만, 사실 중요한 것은 사용 가능한 자본의 상황이다. 회사마다 사업의 형태, 운영하는 방식, 업무의 범위와 처리방식이 다르므로 그 과정에서 어느 정도의 자본금이 필요하고, 어떻게 자본을 운용할 것인지 파악한 후, 각 회사가 처한 상황을 고려해 자본금을 출자해야 한다. 다만 예외적으로 특별법에 따라 업종마다 최소자본금의 요건을 규정하고 있으므로 미리 확인해야 한다. 건설업에 관련된 업종은 최소 2억 원에서 최고 12억 원까지 다양하다. 실내건축공사업은 2억 원, 건축공사업은 5억, 조경공사업은 7억 원, 토목건축공사업은 12억 원으로 정해져 있으므로 사업목적에 필요한 최소자본금을 확인 후 자본금을 결정해야 한다.

참고) 법인 설립을 위한 기초작성 서류

법인명	1순위	
	2순위	

본점 주소	

사업 목적	

자본금				1주당금액		

직책	성명	주식수	지분	준비서류		
				인감증명서	주민등록초본	인감도장
대표이사						
사내이사						
사내이사						
감사						
대표이사 명의 잔고증명서						
결산기			공고신문			

02
사례에 따른 적정한 자본금 설정

　법인을 설립할 때 하는 중요한 결정 중의 하나가 자본금을 결정하는 것이다. 보통의 경우 관행적으로 5천만 원 혹은 1억 원이 되어야 한다고 생각한다. 그러나 다음의 5가지 기준에 따라 적정자본금이 정해져야 한다. 설립하고자 하는 법인이 최소자본금 규정이 있는 업종인지. 세금의 영향은 어떤지, 허가 가능성 및 향후 법인운영을 어떻게 할지, 신뢰를 통한 투자유치가 가능한지에 대하여 면밀한 검토가 필요하다.

참조) 자본금 제한이 있는 업종

최소자본금	업종
5천만 원	종합여행업, 대부업, 종합 주류도매업, 부동산중개업
1억 원	일반경비업, 인력파견업 등, 전문소방시설공사업
1억 5천만 원	국외 여행업, 실내공사업 등, 정보통신공사업
3억 원	국제물류 주선업, 특수경비업
3억 5천만 원	건축공사업
5억 원	대부업, 토목공사업
7억 원	조경공사업
8억 5천만 원	토목건축공사업, 산업환경설비공사업

🔍 자본금이 많은 경우와 적은 경우

법인 설립 시 자본금이 크면 재무상태가 탄탄해 보이고 나중에 대출을 받을 때 유리할 수 있다. 다만 법인을 설립 후 자본금을 줄이게 될 경우, 신문공고를 통해 감자 절차를 진행해야 하므로 절차가 복잡하다.

법인 설립 시 자본금이 적으면, 향후 자본금을 늘릴 필요가 있을 때 증자를 해야 한다. 증자의 절차는 감자의 절차에 비교하면 신문공고를 하지 않으므로 비교적 간편하다. 다만, 자본금이 너무 적으면 법인을 설립한 후 사업자 등록을 신청해도 사업자 등록이 거절될 수 있다.

🔭 자본금 5억 원과 자본금 1억 원 비교

지금 당장 사업을 시작하기 위한 보증금 5억 원이 필요한 경우, 신설하는 법인의 자본금이 꼭 5억 원이어야 하는지와 자본금으로 1억 원을 출자하고 나머지 금액 4억 원은 빌려서 하는 경우로 나누어서 살펴보자. 매년 1억 원 이상의 영업이익이 발생한다고 가정한다.

사례 1) 5억 원을 출자자본금으로 시작하는 경우

자본금을 5억 원으로 출자하는 경우 먼저 설립 비용적인 측면에서 살펴보면 등록세로 200만 원(자본금의 4%)과 법무사 수수료가 자본금을 1억 원으로 출자하는 경우와 비교하여 두 세배 이상이 소요된다. 수도권과밀억제구역내 설립은 법인등록세가 일반 지역과 비교하여 3배 중과세되어 등록세 600만 원이 발생한다. 자본금 1억 원으로 출자할 때와 비교하면 5배의 세금(등록세) 차이가 난다.

향후 발생하는 세금 측면에서 살펴보면 확연한 차이가 나타난다. 매년 발생하는 1억 원의 이익을 대표이사가 급여 혹은 상여로 가져올 경우, 근로소득세 약 20%, 4대 보험료 약 10%를 부담해야 한다. 급여가 아닌 배당으로 가져올 경우, 법인세와 배당소득세를 부담해야 한다. 매년 3천만 원의 세금을 내고 남은 돈은 7천만 원에 불과하다.

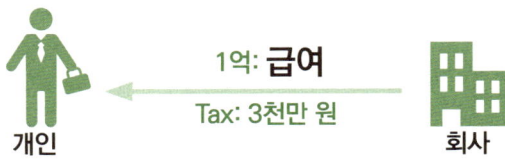

자본금 1억 원을 출자한 것과 비교하면 추가 자본금 4억 원을 회수하기 위해서는 거의 6년 시간이 필요하다. 만약, 급여나 상여, 배당이 아니고 무단으로 가져올 경우, 법인의 가지급금이 되어 대표이사의 소득세와 법인의 법인세 증가로 인한 법인의 재무위험과 횡령·배임 등으로 대표이사가 형사적 처벌을 받을 수 있다.

사례 2) 1억 원을 자본금으로 출자, 나머지는 빌려서 시작

자본금을 1억 원으로 출자하는 경우 먼저 설립 비용 측면에서 살펴보면 등록세 40만 원(자본금의 4%)과 소정의 법무사 비용이 발생한다. 자본금 5억 원으로 시작하는 것의 약 30%만 부담하면 된다.

향후 발생하는 세금은 확연한 차이가 나타난다. 매년 발생하는 1억 원의 이익을 급여나 배당으로 가져온다면 매년 세금을 3,000만 원 내야 하지만, 빌린 돈을 상환한다면 세금을 내지 않아도 된다. 자본금 5억 원과 비교하면 세금만 1억 2,000만 원 차이가 난다. 자본금을 출자하는 주주 혹은 대표이사가 빌려주었다면 이자(연 4.6%)도 받을 수 있다. 지급하는 이자는 법인의 비용으로 처리되어 법인세를 줄일 수 있다. 돈을 빌려준 개인은 추가적인 이자수익이 생긴다.

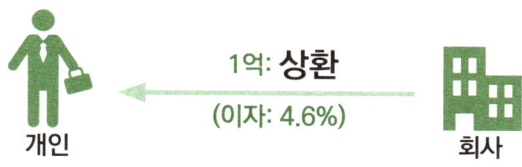

03
가족법인으로 설립하기

상법상 법인은 개인기업과 근본적으로 차이가 난다. 개인기업은 자연인인 개인이 전적으로 책임과 의무를 다해서 사업을 영위하지만, 법인은 법으로 인격을 부여받아 사업의 주체가 될 수 있다. 주식회사의 발기인 요건이 2001년 7월 23일 상법 개정 전에는 법인에 출자하는 주주가 7인 이상, 3인 이상이었지만 이후 개정으로 인하여 1인 법인도 가능하게 되었다.

👀 배우자와 자녀 2명이 주주로 참여하기

가족 구성원으로 법인을 운영하기 위해서는 기본적인 자본금의 출자가 이루어져야 한다. 일반적인 자본금 1천만 원을 기준으로 하면 본인 400만 원, 배우자 200만 원, 큰 자녀 200만 원, 작은 자녀 200만 원으로 출자를 할 수 있다. 이렇게 출자하면 지분비율은 40%:20%:20%:20%가 된다. 만약 자녀가 미성년자 또는 소득이 없다면, 부모가 출자금을 증여하여 마련해 줄 수 있다. 자녀에게 증여할 경우, 성년자녀는 5천만 원, 미성년 자녀는 2천만 원 공제가 가능해서 실제 세금으로 내는 돈은 없다. 이렇게 지분을 구성하면 법인 이익에 대하여 다양한 출구전략을 마련할 수 있다.

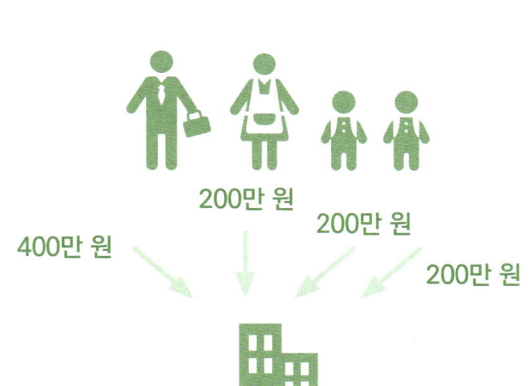

🔍 가족법인을 위한 주주와 임원의 구성

가족법인을 한다는 것은 가족 구성원을 주주와 임원으로 등재한다는 것이다. 주주로 등재하기 위해서는 출자의 형태를 가져야 한다. 소득이 없는 자녀를 주주로 등재하기 위해서는 사전증여를 통해 출자액을 증여하고 그에 따른 증여세를 신고·납부해야 한다. 증여세 공제를 활용하면 증여세금이 발생하지 않으므로 실제 증여신고를 하지 않는 경우가 많다. 이러한 점을 보완하기 위해 법인을 설립할 때에는 자녀를 출자자로 참여시키지 않고 본인 지분을 100%로 하여 간편하게 설립하고 난 후 바로 자녀에게 주식을 증여하는 것으로 신고하는 것이 편리하다.

배우자의 지분도 설립 시에는 본인이 가지고 설립하는 것이 좋다. 법인을 설립하기 위해서는 주식을 가지고 있지 않은 이사 혹은 감사가 필요하므로 배우자를 이사나 감사로 정하여 선임하여 설립 후, 자녀에게 주식을 증여할 때 배우자 지분도 같이 증여하면 편리하다.

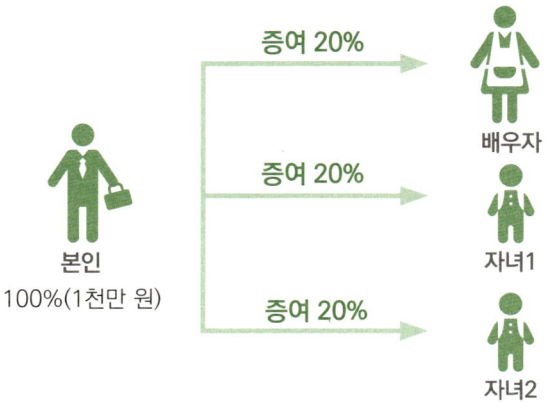

🔭 가족법인의 이익금 인출방법

법인의 이익금은 다양한 방법으로 출구전략을 마련할 수 있다. 회사에 근무하는 임원으로서 급여와 상여 및 퇴직금으로, 주주로서 배당 등 다양한 방법으로 가져올 수 있다. 실제 회사 운영에 참여한 본인과 배우자는 매달 일정액의 급여를 받고 이후 퇴직을 한다면 근로자와 달리 많은 퇴직금을 받을 수 있을 것이다. 또한, 법인 설립 시 자본금을 출자한 4명의 주주(자녀1과 자녀2 포함)는 매년 주주총회를 통해 결정된 배당금을 수령 할 수 있다. 사업에서 발생한 이익에 대하여 개인기업은 1인의 사업소득으로 종합소득세를 내야 하지만 법인기업은 여러 사람이 다양한 소득이 발생하므로 소득분산 효과가 발생한다. 이러한 점은 세금을 절세할 수 있는 중요한 요인이 된다.

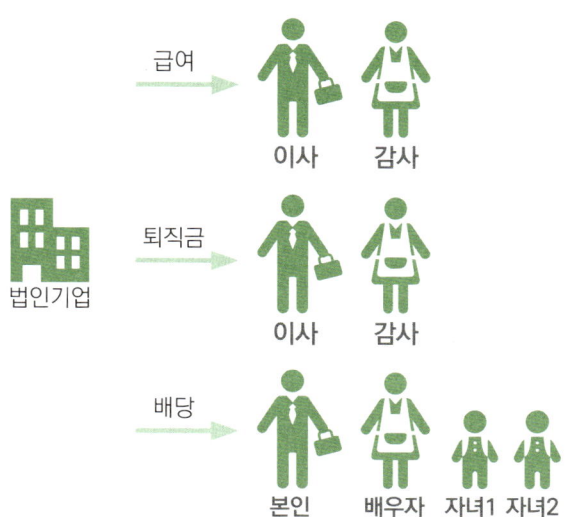

🔍 미성년자인 자녀도 주주가 될 수 있을까?

주식회사 법인의 구성원으로는 임원과 주주가 있다. 임원은 회사의 경영을 책임지는 사람이고 주주는 회사에 자본금을 투자하고 주식을 취득하여 회사를 지배하는 사람이다. 미성년자가 회사의 임원인 대표이사, 이사, 감사가 되기 위해서는 최소 16세 이상이어야 하고, 미성년자라면 친권자의 추가적인 서류가 필요하다. 그와 달리 미성년자도 주주는 될 수 있다. 다만, 주주는 회사 지분에 해당하는 자본금을 출자해야 한다. 자본금이 1천만 원일 경우 20%의 지분을 가지기 위해서는 발기인으로 참여하여 200만 원에 해당하는 주식을 취득한다. 이때 실제 회사를 설립하는 부모는 자녀에게 200만 원을 증여하더라도 그 금액은 증여공제(미성년자 2,000만 원, 성년자 5천만 원) 범위보다 적은 금액이므로 증여세를 내지 않고 자녀를 주주로 참여시킬 수 있다.

🔍 자녀와 배우자 반드시 주주로 만들자

주주는 배당을 받을 수 있는 권리가 있다. 회사에 이익이 발생하면 법인세를 내고 남은 금액은 매년 법인 내부에 유보금으로 쌓이게 된다. 이 유보금은 배당 가능 재원이 된다. 주주는 주주총회에서 배당을 결정하여 스스로 가져올 수 있다. 이때 자녀와 배우자가 주주로 지분을 소유하고 있으면 3가지의 장점이 있다.

- **장점 1**: 주주가 1명일 경우와 비교하여 절세되는 금액이 많다. 주주가 받는 배당금은 배당소득으로 종합소득세로 합산과세되는 소득이다. 즉, 금액이 많아질수록 더 높은 세율을 적용받아 더 많은 세금을 부담해야 하지만, 주주가 분산되어 있다면 적은 세율의 적용으로 세금을 조금만 부담해도 된다. 특히 배당소득은 2,000만 원 이하일 경우에는 15.4%(지방소득세 포함)만 내면 과세가 종결되기 때문에 절세되는 금액이 많다.

- **장점 2**: 일반적으로 부모가 회사에서 급여 등을 받을 때 고율의 소득세를 내고 향후 자녀에게 자산을 이전할 때(증여, 상속) 상속세 증여세를 내야 한다. 그러나 자녀가 주주로 등재되어 있으면 자녀에게 배당금을 지급할 때 발생하는 저율의 소득세 한 번으로 과세가 종결되므로 추가적인 세금을 부담하지 않아도 된다.

- **장점 3**: 이렇게 자녀가 소득세를 내고 받은 배당금은 향후 재무활동을 통하여 재산을 취득할 때 발생하는 자금출처조사의 입증자료로 활용할 수 있다.

04
과점주주와 차명주주

  법인을 설립할 때 자본금을 출자하는 사람을 주주라고 한다. 일정액 이상의 지분으로 회사 경영을 장악하는 과점주주는 권리와 의무를 동시에 가진다. 이러한 의무를 벗어나고자 차명주주를 두고 회사 운영을 하기도 한다.

과점주주란?

과점주주란 발행주식의 일정액 이상을 소유하고 기업경영을 지배하는 주주를 말한다. 특정 주주를 기준으로 그 주주의 친족 또는 특수관계자의 지분의 합이 50%에 한주라도 많으면 과점주주라고 한다. 50% 이상이 아니라 50%를 초과하는 주주를 말한다.

과점주주의 불이익은 무엇인지?

첫째, 2차 납세의무다. 법인이 내야 할 세금(부가가치세, 법인세 등)과 가산금을 법인의 재산으로 내지 못하면 과점주주는 보유지분에 해당하는 만큼 책임을 지게 된다. 예를 들어 체납세금이 1억 원이고 과점주주 지분의 합이 70%인 경우 7,000만 원에 대한 과점주주 제2차 납세의무가 부여되는 것이다.

둘째, 간주취득세 납부의무다. 법인이 부동산 등을 취득하게 되면 법인에서 내는 취득세와는 별개로 과점주주도 취득세를 내게 하는 것이 간주취득세다. 그러나 설립 당시부터 과점주주였고 그 이후에 보유지분이 늘어나지 않았다면 간주취득세 과세대상이 아니다. 예를 들어 설립 시 1인이 100% 출자한 경우 또는 보유지분이 50%를 초과하고, 그 이후 지분이 늘어나지 않았다면 간주취득세를 내야 할 의무가 없다.

과점주주의 위험을 벗어나기 위한 전략

사업의 위험이 많다고 생각되면 혼자 100%의 지분을 가지고 회사를 운영하기보다는 2명이 50%씩 출자하여 법인을 설립하는 것을 추천한다. 과점주주가 아니므로 출자할 때 투여한 자본금을 한도로 책임을 진다. 이러한 형태의 경영으로 사업 초기의 위험에서 벗어나게 되면 3년이 되기 전에 주식을 회수하여 성장에 집중해야 한다. 3년이 넘어서면 차명으로 분산한 주식을 회수하기 위한 비용(세금 등)이 많이 발생하기 때문이다. 회수한 주식은 자녀와 배우자에게 분산하여 향후 다양한 출구전략을 마련해야 한다.

> **발생주식 총수의 3% 이상을 보유한 주주의 소수주주권**
> - 이사 해임청구권: 이사의 중대한 위반이 있음에도 불구하고 주주총회에서 그 해임을 부결한 때에는 그 이사의 해임을 법원에 청구할 수 있다.
> - 주주총회 소집청구권: 회의의 목적사항과 소집이유를 적은 서면 등을 이사회에 제출하고 임시주주총회의 소집을 청구할 수 있다.
> - 회계장부 열람 청구권: 서면으로 회계장부나 서류의 열람 또는 등사를 청구할 수 있으며 회사는 이에 거부하지 못하는 권리가 있다.
> - 업무재산상태 검사청구권: 회사의 업무와 재산 상태를 조사하기 위해서 법원에 검사인의 선임을 청구할 수 있는 권리가 있다.

🔍 차명주주를 하는 이유?

 타인의 이름을 주주로 등재하는 것을 차명주주 혹은 명의신탁 주주라고 한다. 과거에는 상법에서 규정한 발기인 수(7인 이상, 3인 이상)를 맞추기 위해 차명으로 주식을 분산하여 주주로 등재한 명의신탁주식이 많이 이루어졌다. 그러나 현재 이러한 상법 규정이 개정되어 2001년 7월 24일부터는 발기인 요건이 완화되어 1인 주주로서도 법인을 설립할 수 있게 되었다.

참고) 상법 288조의 발기인 요건

1996년 9월 30일까지	1996년 10월 1일 ~2001년 7월 23일	2001년 7월 24일 이후
7인 이상	3인 이상	제한 없음

차명주주에 대한 대응방법

부득이한 사정으로 차명으로 주주를 분산하는 경우 반드시 향후 주식을 환원할 때 입증자료로 활용할 수 있는 자금이동에 대한 명확한 금융 증빙자료와 명의신탁약정서 등 관련 서류를 확보해 두어야 한다. 만약 회사에 차명주주가 있다면 법인 정관에 '주식양도제한규정'을 마련하여 법인 등기부등본에 등기해 두면 지배주주이며 회사를 운영하는 신탁자의 허락을 득하지 않은 주식이동에 대한 대비가 될 수 있다.

주식 양도제한 규정 (등기사항)

① 당 회사의 주식을 양도함에는 이사회의 승인을 얻어야 한다.
② 당 회사의 주식을 주주 이외의 자에게 양도함에는 이사회의 승인을 얻어야 한다.

05
신설하는 법인의 정관 작성

일반적으로 법인 설립은 법무사가 수행하는 경우가 많다. 법무사가 요청한 서류와 인감도장을 준비해 두면 미리 작성한 서류를 가지고 와서 도장을 찍어 법원에 제출하여 승인을 받아 설립 등기 업무를 종결한다. 이때 법원에 제출하는 중요한 서류가 있다. 법인 정관이다.

정관 컨설팅이 필요한 이유

법인의 정관은 한 나라의 헌법과도 같이 중요하다. 그런데 대다수의 경우 정관 내용에 대하여 아무런 설명도 듣지 못한 통상적이고 일반적인 원시정관이 만들어진다. 법무사는 각 회사 개별적인 환경에 맞는 규정이 아니라 통상적인 회사에 적용 가능한 표준정관을 사용하기 때문이다. 업종도 다르고, 주주 구성과 임원구성도 다르고, 향후 지향하는 영업 방향과 성장 속도도 상이하다. 우리 회사에 맞는 정관이 반드시 있어야 한다.

정관에 꼭 기재해야 하는 내용

법인의 정관에는, 8가지의 절대적 기재사항과 상대적 기재사항, 임의적 기재사항이 있다. 절대적 기재사항은 법인 설립 시 등기해야 할 내용을 담고 있다. 한 가지라도 미비하면 설립 자체가 될 수 없다. 그에 반해 상대적 기재사항은 법인의 설립 자체에는 아무런 영향이 없지만, 정관에 기재되어 있지 않으면 효력이 발생하지 않는다. 상법은 절차법이다. 회사를 탄력적, 효율적으로 운영하기 위해서는 상대적 기재사항이 상세하게 기재되어 있어야 한다. 특히 배당 관련 규정이 허술하게 되면 주주로서 배당금을 받아야 하는 권리에 대하여 제한을 받을 수 있다.

첫째, 절대적 기재사항은 다음의 내용을 포함해야 한다. 목적, 상호, 회사가 발행할 주식 총수, 1주의 금액, 회사의 설립 시에 발행하는 주식 총수, 본점의 소재지, 공고하는 방법 발기인의 성명과 주민등록번호 및 주소가 있어야 한다.

둘째, 상대적 기재사항은 변태설립사항, 주주명부 폐쇄 기간 설정, 양도제한 규정, 신주인수권의 부여, 중간배당, 현물배당 등이 있다. 반드시, 등기해야 그 효력이 발생한다.

셋째, 임의적 기재사항은 임원의 급여 규정, 임원의 상여금 규정, 임원의 퇴직금 규정, 임원의 유족보상금 규정 등이 있다. 특히 임원의 보수 관련 내용은 반드시 확인하여야 한다. 표준정관에는 "임원의 보수와 퇴직금은 주주총회 결의에 의한다" 혹은 "임원의 보수와 퇴직금은 주주총회 결의에 의한 보수지급규정에 의한다"라고만 되어 있다. 이러한 표준정관의 내용만으로 임원에게 급여, 상여, 퇴직금을 지급하게 되면 향후 국세청의 세무조사 때 지급된 금액이 손금불산입 등의 처분을 받을 수 있다.

🔎 주주총회의 절차 안내

정관변경 등 주요한 의사결정은 주주총회에서 다음의 순서에 따라 결의를 해야 한다.

① 내부품의: 주주총회의 소집 시기, 소집지, 소집절차, 안건 등을 위한 내부품의를 한다.
② 이사회 소집통지: 1주간 전 혹은 정관으로 정한 기간에 통지를 발송하여야 한다. 다만, 이사 또는 감사 전원의 동의가 있으면 소집절차 생략이 가능하다.
③ 이사회의사록 작성: 의사의 안건, 경과요령, 그 결과, 반대하는 자와 그 반대이유를 기재하고 출석한 이사·감사가 기명날인 또는 서명한다.

④ 주주총회 소집통지: 자본금이 10억 원 미만인 회사는 주주총회일의 10일 전에 서면 혹은 전자문서(동의가 필요)로 통지하여야 한다. 자본금이 10억 원 미만인 회사는 주주 전원의 동의가 있으면 소집절차 생략이 가능하다.
⑤ 주주총회의사록 작성: 의사의 경과요령과 그 결과를 기재하고 의장과 출석한 이사가 기명날인 또는 서명하여야 한다.

정관변경을 위한 주주총회 절차

상법상 절차에 따라 주주총회 소집통지를 하고 정해진 기일에 주주들이 참석하면 주주총회를 개최하여 정관변경에 대한 안건을 결의하고 그 내용을 주주총회의사록으로 작성을 한다. 이때 정관변경에 대한 결의는 주주총회 특별결의 사항이다. 특별결의란 출석 주주의결권의 3분의 2 이상의 찬성과 총 발행주식 총수의 3분의 1 이상 의결권의 찬성이 있어야 한다. 이렇게 작성한 정관은 공증의 의무는 없다. 하지만 공증을 통하여 그날의 주주총회를 개최하였음을 확인하는 절차를 가진다면 향후 증빙자료로 활용할 수 있다.

주주총회를 진짜로 개최하여야 하는 이유는?

법인이 임원에게 지급한 퇴직급여는 정관에 퇴직급여로 지급할 금액이 정하여진 경우에는 정관에 정하여진 금액을 손금에 산입하도록 하고 있으며(법인세법 시행령 44조 4항), 정관은 주주총회의 결의 사항이다. 이 경우 주주총회의 절차에 흠결이 있는 경우 총회의 결의가 없는 것이 되므로 규정 자체가 무효가 될 수 있다. 따라서 주주총회는 진짜로 개최하고 관련된 절차는 반드시 준수해야 한다.

5부

법인의 성장전략

01 경영자의 회사 재무현황 파악

02 재무비율 분석

03 정관 정비

04 노무 시스템 정비

05 사내근로복지기금

01

경영자의 회사 재무현황 파악

　회사의 전반적인 경영활동을 수치로 요약한 재무보고서는 내부 또는 외부 이해관계자들에게 회사의 다양한 활동을 보여 주고 있다. 작성된 재무제표는 경영자의 의사결정과 금융기관으로부터 자금을 융통할 때, 국세청에서 세무조사 대상자를 선정하는 등의 목적으로 사용된다. 그러므로 경영자는 재무현황에 대한 파악이 필요하다.

🔍 경영자가 재무현황을 파악해야 하는 이유 3가지

첫째, 경영자의 의사결정에 사용한다. 경영자의 주된 임무는 회사가 보유하고 있는 한정된 인적·물적 자원을 활용하여 최대의 성과를 달성하는 데 있다. 밀려드는 주문에 대하여 경영자는 회사의 재무제표를 분석하여 회사의 가용자금과 설비증설에 따른 판매액을 예측하고 추가적인 비용이 필요할 경우 자금을 조달할 준비를 해야 한다. 또한, 임직원의 급여를 어느 정도 인상할 것인지, 사업 다각화 차원에서 어떤 사업을 선택하여 얼마의 자금을 신규로 투자할지에 대한 결정을 할 때 객관적인 자료로 활용할 수 있다.

둘째, 금융기관으로부터 자금 조달에 사용한다. 경영자가 회사를 운영할 때 가장 어려운 점이 자금 부족이다. 부족한 자금은 금융회사에서 조달한다. 자금을 빌려주는 금융기관의 가장 큰 관심사는 자금을 빌린 회사가 빌린 원금과 이자를 정해진 기간 내에 상환할 수 있는지에 대한 능력이다. 금융기관은 회사가 작성한 재무제표를 통해 회사의 원리금 상환능력을 파악하고 그에 따라 이자율을 정한다. 회사가 필요한 자금을 금융기관을 통하여 저율로 조달할 수만 있다면 경영자는 자금부담 없이 성장에만 매진할 수 있을 것이다

셋째, 국세청에서 세무조사 대상자 선정에 사용한다. 국세청은 기업이 제대로 세금을 내고 있는지 관리를 하고 있다. 모든 기업에 국세청 직원이 파견하여 일일이 조사할 수 없다. 세무대리인을 통하여 세무조정 과정을 거친 결산서를 통하여 회사가 성실하게 세금을 내고 있는지 파악한다. 동종업종, 유사한 사업 규모를 가진 여러 회

사의 재무제표를 분석하여 세금을 얼마나 성실하게 납부하고 있는지 파악한다. 만약 작성된 재무제표의 분석결과 불성실하게 세금을 신고했다고 판단되면 세무조사를 통하여 적정성을 점검한다.

경영자가 확인해야 할 재무제표

첫째, 재무상태표를 확인한다. 재무상태표는 일정 시점(일반적으로 회계연도의 말일인 12월 31일)을 기준으로 누구(주주 혹은 채권자)에게 자금을 얼마나 조달하여, 조달한 자금이 어떤 형태로 운영되고 있는지를 보여 주는 보고서다. 회사가 보유한 자산의 형태와 규모를 보여 주는 자산 항목과 부채 현황 및 자본 현황에 대해 나타내고 있다. 특히 자본 현황은 처음 법인 설립 시 투여된 주주의 자본금과 경영성과 중 회사 내 유보한 이익잉여금을 구분하여 표시한다.

회사의 외부 이해관계자들은 유동자산과 비유동자산의 비교, 유동자산과 유동부채를 비교하여 회사의 유동성을 평가한다. 자본과 부채의 비교를 통한 부채비율로 재무안정성을 평가하는 지표로 이용한다.

둘째, 손익계산서를 확인한다. 손익계산서는 1년 동안(일반적으로 1월 1일부터 12월 31일까지) 회사가 경영활동으로 발생한 매출과 사용된 비용을 보여 준다. 매출을 발생시키기 위한 원가, 판매 활동을 위해 소요된 판매관리비, 영업 외 발생한 수익과 비용, 법인세 비용과 이를 공제한 당기순이익을 나타낸다.

회사의 다양한 외부 이해관계자들은 효율적인 비용의 관리, 성장 가능성, 배당가능이익의 규모, 수익 및 현금흐름 등을 평가하는 자료로 이용한다.

셋째, 이익잉여금 처분계산서를 확인한다. 이익잉여금 처분계산서는 이월이익잉여금의 변동 내역을 보여 주는 재무제표로 전기와 당기의 이익잉여금을 구분하여 나타낸다. 전기에 발생한 오류에 대한 수정과 이익잉여금 처분에 대한 상세한 내역을 나타내며 차기에 이월할 미처분이익잉여금이 얼마인지 나타낸다.

02

재무비율 분석

경영자는 재무비율을 통해서 기업의 재무상태와 경영성과를 분석해야 한다. 즉 재무제표의 자료를 기초로 하여 기업의 경제적 실체를 알려줄 수 있는 재무비율을 계산한 다음 이를 관찰하여 기업의 현재와 미래의 모습을 분석해야 한다.

■ 안정성 분석

분석 1: 부채비율

총자산 대비 총부채로 측정하지만, 종종 자기자본 대비 부채의 비중으로 측정한다. 자본구성의 안정도를 판단하는 비율로 100% 이하를 표준비율로 삼고 있으나, 이 표준은 업종 또는 규모에 따라 다르다.

(부채/자기자본) × 100

분석 2: 유동비율

유동자산을 유동부채로 나눈 비율이다. 회사의 지불능력을 판단하기 위해서 사용한다. 이 비율이 높을수록 지불능력이 커진다.

(유동자산/유동부채) × 100

분석 3: 차입금의존도

기업의 부채 중 외부에서 차입형식으로 조달되는 차입금 비용을 총자본과 대비한 지표로서, 이 비율이 높을수록 금융비용부담이 커 수익성이 낮아지게 되며 안정성 면에서도 불리하다.

(장단기 차입금 + 회사채)/자산총계 × 100

분석 4: 이자보상배수(배)

영업이익으로 금융비용을 어느 정도 상환할 수 있는지를 보여주는 지표다. 이자보상비율이 높으면 이자비용을 커버하기에 충분한 영업이익이 있다는 의미다.

영업이익/(이자비용 + 매출채권처분손실)

■ 수익성 분석

분석 1: 매출원가율

매출액 중 매출원가가 차지하는 비중에 대한 비율로서 기업원가율 또는 마진율을 측정하는 지표이다. 동일 업종에서는 비율이 낮을수록 수익성이 높은 경우가 많다. 생산공정의 간략화, 설비경신 등으로 제품 단위당 매출원가를 내려 이 비율을 낮춤으로써 수익성을 높일 수 있다.

(매출원가/매출액) × 100

분석 2: 영업이익율

기업의 주된 영업활동에 의한 성과를 판단하기 위한 지표로서 제조 및 판매 활동과 직접 관계가 없는 영업 외 손익을 제외한 순수한 영업이익만을 매출액과 대비한 것으로 영업 효율성을 나타내는 지표이다. 당기순이익보다는 좀 더 정확한 영업에 대한 성과를 파악할 수 있다.

(영업이익/매출액) × 100

분석 3: 당기순이익율

매출액에 대한 당기순이익의 비율을 나타내는 지표로 지분법 이익과 같이 본연의 영업활동과 상관없이 발생한 영업 외 수익과 이자 비용과 같은 영업 외 비용의 영향을 받는다.

(당기순이익/매출액) × 100

■ 활동성 분석

분석 1: 매출채권회전율(회)

매출채권이 현금화되는 속도 또는 매출채권에 대한 투자 효율성을 나타낸다. 매출채권 회전율이 높다는 것은 매출채권이 순조롭게 회수되고 있음을 나타내고, 회전율이 낮으면 매출채권의 회수 기간이 길어지므로 그에 따른 대손 발생의 위험이 증가하고 수익감소의 원인이 된다.

매출액/매출채권

분석 2: 재고자산회전율(회)

재고자산과 매출액과의 비율로서 재고자산이 일정 기간 중 몇 번이나 당좌자산으로 바뀌는지 재고자산의 회전속도를 나타낸다. 이 수치가 높을수록 재고자산의 관리가 효율적으로 이뤄지며 재고자산이 매출로 빠르게 이어지고 있다는 것을 의미한다. 반대로 낮을 경우, 재고자산이 매출로 이어지기까지 시간이 오래 걸리며, 보관 및 관리를 위한 부대비용이 많이 들어갈 수 있다.

매출액/재고자산

분석 3: 총자본회전율

기업의 총자본이 1년에 몇 번이나 회전하였는가를 나타낸다. 기업이 사용한 총자본의 운용능률을 총괄하여 표시하는 지표로서 이 비율이 높을수록 총자본이 양호한 상태로 나타나고 수익성이 높아진다. 만약 이 비율이 낮으면 과잉투자와 같은 비효율적인 투자를 하고 있다는 것을 의미한다.

매출액/자본총계

■ 성장성 분석

분석 1: 매출액 증가율
당해연도 매출액의 전년도 실적에 대한 증가율 지표로서 기업의 성장세를 판단하는 대표적 지표이며, 정상적 경영 활동결과를 나타낸다.
(당기 매출액/전기 매출액) × 100 - 100

분석 2: 총자산 증가율
기업의 투하 운용된 총자산이 당해연도에 얼마나 증가했는지를 나타내는 비율로 기업의 전체적인 성장척도를 측정하는 지표이다.
(당기 자산총계/전기 자산총계) × 100 - 100

분석 3: 영업이익 증가율
기업의 영업이익이 당해연도에 얼마나 증가했는지를 나타내는 지표로서 기업의 질적인 성장세를 판단하는 지표이다.
(당기 영업이익/전기 영업이익) × 100 - 100

분석 4: 자기자본 증가율
자기자본의 증가율을 측정하는 지표로 자본의 확충력을 나타내는 지표이다.
(당기 자기자본/전기 자기자본) × 100 - 100

03

정관 정비

정관은 회사의 자치 법규이므로 회사 내의 발기인, 주주 등 당사자 사이에는 효력이 있으나 외부의 3자에 대해서는 효력이 없는 것이 원칙이지만 상법 규정이 강행법규가 아닌 경우, 정관이 우선적이다.

🔎 정관의 법적 근거

주식회사를 설립함에는 발기인 전원의 동의로 정관을 작성(상법 288조)하여야 하고, 각 발기인의 기명날인 또는 서명이 필요하다. 이를 원시정관이라고 한다. 원시정관은 공증인의 인증으로 그 효력이 발생(상법 292조)한다. 다만, 자본금 총액이 10억 원 미만인 회사를 발기설립하는 경우에는 각 발기인이 정관에 기명날인 또는 서명함으로 그 효력이 생긴다(상법 292조).

🔎 정관의 기재사항

정관의 기재사항은 절대적 기재사항, 상대적 기재사항, 임의적 기재사항으로 구분된다. 절대적 기재사항 8가지는 정관에 기재가 없으면 정관이 무효가 되어 법인 설립이 무효가 된다. 상대적 기재사항은 정관에 기재하지 않아도 정관은 유효하지만, 특정한 사항의 효력이 생기려면 정관에 반드시 기재하여야 하는 사항이다. 반면 임의적 기재사항은 정관에 기재하면 효력이 있고, 기재하지 않아도 정관의 효력에는 영향이 없는 사항이다. 강행법규에 반하지 않으면 그 기재가 가능하다.

🔎 정관의 절대적 기재사항

주식회사를 설립함에는 발기인이 정관을 작성하여야 하며, 정관을 작성하는 경우 다음의 절대적 기재사항을 적고 각 발기인이 기명날인 또는 서명하여야 한다.

① 목적
② 상호

③ 회사가 발생할 주식의 총수
④ 액면주식을 발행하는 경우 1주의 금액
⑤ 회사의 설립 시에 발행하는 주식의 총수
⑥ 본점의 소재지
⑦ 회사가 공고하는 방법
⑧ 발기인의 성명·주민등록번호 및 주소

법인 정관의 점검

모든 회사는 같은 형태로 운영되지 않는다. 1인 스타트업 회사, 이해관계가 다른 사람들로 구성된 기업, 가족들이 운영하는 가족형 기업, 직원들이 주주로 참여하여 운영하는 기업, 전문경영인이 운영하는 기업 등 다양한 형태가 있다. 단기간에 빠른 성과를 원하는 기업, 장기간에 걸쳐서 지속적인 성장을 원하는 기업, 승계를 염두에 두고 있는 기업 등 기업 운영 철학도 다르다. 이러한 기업이 다 똑같은 자치 법규를 가지고 회사를 운영할 수는 없다. 우리 회사의 기업형태와 대표이사의 경영 철학에 따라 법인 정관은 달라야 한다.

정관 내용 중 반드시 점검해야 할 3가지

정관 내용중 상대적 기재사항, 임의적 기재사항과 임원의 보수관련 규정을 확인하여야 한다. 특히 정관을 변경하였다면 상법상 절차를 준수했는지, 흠결사항이 있는지를 점검하여야 한다.

점검 1: 상대적 기재사항과 임의적 기재사항을 확인

유연한 배당 전략을 수립하기 위한 2012년 상법 개정으로 신설된 중간배당규정과 현물배당규정이 있다. 이러한 규정에 따라 배당을 하고자 한다면 정관에 반영하여야 한다. 만약 차명주주가 있다면 주식 양도를 제한할 수 있는 주식양도제한규정도 반드시 있어야 한다. 특히 양도제한규정은 정관에 반영하고 등기를 하여야 효력이 발생한다.

점검 2: 임원의 보수 관련 규정을 확인

법인세법 시행령 43조 2항에 임원에게 지급하는 상여금 등은 정관에 적법하게 정해져 있지 않으면 손금으로 처리할 수 없다고 되어 있다. 세무조사가 나오면 전액 손금 불산입되어 추가적인 법인세와 가산세를 부과한다. 임원의 급여 규정, 상여금 규정, 퇴직금 규정, 유족보상금 규정은 필수 점검 사항이다.

점검 3: 정관변경에 대한 절차를 확인

정관을 변경하기 위해서는 상법에서 정한 절차를 준수해야 한다. 이사회에서 주주총회 소집에 대한 안건을 결정하고 주주에게 소집을 통지하고, 정해진 기일에 주주가 참석하여 주주총회를 통해 정관변경 안건을 결의하고, 그 내용을 의사록에 남겨야 한다. 특히 정관을 변경하기 위해서는 주주총회의 특별결의가 있어야 한다. 특별결의란 출석한 의결권의 3분의 2 이상의 찬성과 총발행 주식 수의 3분의 1 이상 의결권의 찬성이 필요하다. 이러한 절차적인 부분에 대해 흠결사항이 있다면 변경된 정관은 과세당국이 요구하는 적법성에 맞지 않아 부인이 된다.

🔎 등기부 등본 변경등기를 하여야 하는 사항

주식회사의 경우 회사가 설립된 경우 다음의 등기를 해야 한다. 일반적으로 사유가 발생한 후 14일 내 변경등기를 해야 한다. 변경등기를 해야 할 내용은 다음과 같다.

- 목적
- 상호
- 회사가 발생할 주식의 총수
- 액면주식을 발행하는 경우 1주의 금액
- 본점의 소재지
- 회사가 공고하는 방법
- 자본금의 액
- 발생주식의 총수, 그 종류와 각종 주식의 내용과 수
- 주식 양도에 관하여 이사회의 승인을 얻도록 정한 규정
- 주식매수선택권을 부여하도록 정한 규정
- 지점의 소재지
- 회사의 존립기간 또는 해산 사유에 대한 기간과 사유
- 주주에게 배당할 이익으로 주식을 소각할 것을 정한 때
- 임원에 대한 성명과 주민등록번호
- 대표이사의 성명과 주민등록번호
- 각자 대표와 공동대표를 정한 경우 그 규정
- 명의개서대리인을 정한 경우 그 상호 및 본점 소재지
- 감사위원을 설치할 때에는 의원의 성명과 주민등록번호

04
노무 시스템 정비

　기업의 장기적 성장전략을 마련하기 위해서는 회사 구성원들의 회사 발전을 위해 한 방향으로 목표를 설정하고 다 같이 힘을 모아야 한다. 그런데 종종 근로환경과 임금에 대하여 사용자와 근로자가 마찰을 빚기도 한다. 이에 노동법과 기타 관련 법규에 위반되지 않은 정형화된 노무 시스템을 마련할 필요가 있다.

🔎 노무 시스템을 점검해야 하는 이유는?

노동법은 상시근로자 수에 따라 적용되는 법 규정이 다르다. 상시근로자 5인 이상에 적용하는 법규와 상시근로자 5인 미만에 적용되는 법규가 다르다. 근로시간에 대한 제한과 임금계산 방법이 다르고 휴가를 부여하는 규정도 다르다.

노사분쟁이 발생하면 가장 많이 거론되는 것이 임금 관련 내용이다. 임금과 관련된 내용은 근로계약서, 임금 대장, 취업규칙에 정확히 명기해 두면 사용자의 강력한 입증자료가 될 수 있다. 사업주는 노무에 대해 회사 사정에 맞는 노무 시스템을 마련하여야 한다.

🔎 근로자에 대한 정의

근로자란 계약의 종류와 관계없이 임금을 목적으로 사업장에 근로를 제공하는 사람을 말한다. 계약의 형태에 상관없이 임금을 목적으로 종속적인 관계에서 사업주에게 근로를 제공하는지로 판단한다. 계약 기간에 따라 정규직, 비정규직으로 구분하고 근로시간에 따라 통상근로자, 단시간 근로자로 구분한다. 4대 보험에서는 상용근로자와 일용근로자로 구분한다. 우리 회사에 근로자가 몇 명인지 파악하는 것이 중요하다.

🔎 위임계약에 의한 도급형태의 경우

만약 실제 업무 형태가 도급의 형태를 가진 위임계약이라면, 근로계약의 형태가 되지 않도록 과도한 지휘 명령권 행사를 배제하도록 운영하여야 한다. 최근 대법원 판례는 기본적인 급여가 없고 성과급 형태로만 보수가 지급된 채권 추심회사의 직원도 근로자로 인정하고 있다. 위임계약서를 작성하고 성과에 대한 수당으로 보수를 받지만, 임금을 목적으로 종속적인 관계에서 근로를 제공하였다고 판단한 것이다. 이렇게 근로자성이 애매했던 직업군들도 근로자로 인정하고 있다. 별도의 사업자로 등록을 한 소사장도 사용자로부터 지휘·감독을 받았다면 근로기준법상 근로자에 해당한다고 본다.

🔎 3.3%의 사업소득세만 공제하는 경우

근로자로 볼 수 있다. 사업소득세를 원천징수하는 것이 근로자성을 부인되는 절대적인 기준이 아니다. 근로계약서가 아닌 도급 계약을 체결하고 기본급이 없고 4대 보험에 가입하지 않는다고 근로자가 아닌 것이 아니다. 계약의 형태가 판단기준이 아니라 사용·종속성이 확인되면 근로자로 판단한다. 근로계약의 가장 중요한 요소는 사용·종속성으로 본다.

참조) 사용·종속성 판단기준
- 업무 내용이 사용자에 의해 결정되는지
- 회사의 복무규정을 적용받는지
- 근무시간과 장소가 구속되는지
- 업무 수행 중 상당한 지휘·감독을 받는지
- 작업 도구를 사용자가 제공하는지
- 관계가 전속적이며, 계속되는지

참고) 연도별 최저시급 변화   단위: 원

연도	2022년	2023년	2024년
최저시급	9,160	9,620	9,860
최저월급	1,914,440	2,010,580	2,060,740
인상율	5.0%	5.0%	2.5%

🔎 근로계약서 점검

임금을 목적으로 사업장에 근로를 제공하는 사람을 근로자라고 한다. 그 형태가 일용직, 단시간, 기간제, 비정규직이라고 하더라도 모두 근로자다. 임금을 목적으로 사용 종속적인 관계에 있는 근로자에게는 무조건 근로계약서를 작성해야 한다. 근로계약서는 임금의 구성 항목, 계산 방법 및 지급 방법과 소정근로시간, 휴일, 연차휴가, 업무 내용을 명확히 하여 작성해야 한다. 이러한 근로계약서의 작성이 향후 노사분쟁이 발생할 때 사업주의 입증자료로 활용된다. 근로기준법에서 요구하는 내용을 담은 근로계약서 서식을 준비하여 모든 근로자와 근로계약서를 작성하여야 한다.

🔎 근로계약서를 미작성에 대한 사용자 불이익 3가지

- 불이익 1: 벌금과 과태료가 부과된다. 정규직 근로자의 경우에는 시정기회를 먼저 주고 시정이 되지 않으면 500만 원 이하의 벌금이 부과된다. 하지만 기간제 근로자와 단시간 근로자의 경우에는 시정명령 없이 적발된 즉시 500만 원 이하의 과태료가 부과된다.

- 불이익 2: 근로조건이 명확하지 않아 노사분쟁이 발생하면 사용자에게 불이익이 발생한다. 분쟁이 발생하면 입증에 대한 책임은 사용자에게 있기 때문이다. 예를 들어 근로자가 법정근로시간을 초과하여 근무한 부분에 대하여 추가 수당을 받지 못했다고 주장할 때 근로계약서에 임금의 구성요건과 계산 방법이 기재되어 있으면 다툼을 해결하는 결정적인 증빙이 될 수 있다.

- 불이익 3: 근로계약서는 근로감독관이 사업장을 방문하게 되면 제일 먼저 확인하는 서류이다. 이때 근로계약서가 없다면 더욱 심도 있는 근로감독을 받을 것이다.

근로계약서 추가적 기재 내용 3가지

- 기재 내용 1: 근로자와 1년 이상 계약 시 수습 기간을 적용할 수 있다. 수습사원이 업무에 부적응할 경우 해고가 자유롭다. 아울러 3개월 이내의 수습 기간에 대하여는 최저임금의 90% 이상만 지급하면 임금을 감액(통상 10~30%)해서 지급해도 된다. 다만, 편의점 아르바이트처럼 단순 노무 업무로 고용노동부 장관이 정하여 고시한 직종은 최저임금 이하로 지급할 수 없다.

- 기재 내용 2: 퇴직절차를 명시해야 한다. 근로자는 직업선택의 자유를 통해 언제든지 회사를 퇴직하고 다른 회사를 선택할 수 있다. 사용자는 이러한 퇴직을 제한할 수 없지만, 근로계약과 근로조건에 퇴직의 절차를 명시하고 이를 준수하도록 규정할 수 있다. 이를 지키지 않고 퇴직하는 직원에 대해서는 계약위반에 대한 책임과 무단결근에 따른 징계해고가 가능하기 때문이다.

- 기재 내용 3: 계약해지 사유를 명시한다. 단시간 근로자의 경우 무단결근을 해지의 사유로 하고, 계약직 근로자의 경우에는 계약의 만료, 근무성적 불량 등의 사유가 발생하면 해지를 할 수 있도록 근로계약서에 기재하면 근로자의 귀책 사유로 인한 해지 시 유연하게 처리할 수 있다. 아울러 취업규칙에 채용서류 허위기재, 무단결근, 회사 지시 불응 등의 사유를 기재한다.

🔭 근로계약서에 기재해도 효력이 없는 규정 3가지
- 효력 없는 규정 1: 근로자가 근로계약을 불이행하는 경우 사용자에게 일정액의 위약금을 지급하거나, 손해 발생 여부나 실손해와 관계없이 사용자에게 일정액의 손해배상을 지급하기로 미리 약정한 규정은 효과가 없는 규정이다. 그러나 근로자의 불법 행위, 사용자가 3자에게 부담한 실손해에 대한 구상권 행사를 금지하지는 않는다.

- 효력 없는 규정 2: 사용자가 전차금 기타 근로에 대한 조건으로 하는 전대 채권과 임금을 상계한다는 규정은 효과가 없는 규정이다. 그러나 근로자의 자유의사에 의한 상계는 허용한다.

- 효과 없는 규정 3: 근로자의 임금 중 일부를 근로자의 의사에 반하여 저축하도록 강요하는 규정은 효과가 없는 규정이다.

👀 임금 대장 점검

근로자에게 지급하는 임금은 최저임금 이상을 지급하여야 하고, 소정근로시간을 초과하여 근로를 제공한 근로자에게는 통상임금에 따른 가산임금을 지급해야 한다. 지급되는 총액을 기준으로 최저임금을 확인할 것이 아니라 임금 대장의 구성요소를 확인해야 한다. 최저임금은 근로자에게 지급하는 총액을 기준으로 계산하는 것이 아니라, 지급하는 금액 중 최저임금 산입범위에 포함되지 않는 비과세급여, 복리후생 수당, 매월 지급하지 않은 상여 등을 제외하고 계산한다.

👀 연봉계약서의 작성

근로계약에서 가장 중요한 요소는 임금에 대한 사항이다. 임금에 관련된 내용은 근로계약서에 명기해야 한다. 그러나 근로자의 임금은 물가 상승과 최저임금 인상 등의 이유로 매년 변동이 발생한다. 이때 매번 새로운 근로계약서를 작성하는 것보다는 연봉계약서를 추가로 작성하는 것이 편하다. 연봉계약 기간과 임금의 구성 항목을 구체적으로 기재해야 한다.

🔍 연봉계약서의 작성 방법

- 단계 1: 해당 임금체계의 적용 기간을 정한다.

시기와 종기를 적으며, 적용대상 기간 중 변동이 발생할 경우와 자동으로 갱신되는 내용을 기재한다.

적용 대상 기간	20xx년 xx월 xx일 부터	20xx년 xx월 xx일까지로 한다.
	① 적용 대상 기간 중이라도 사용자와 근로자간의 임금계약내용이 합의로 변동될 경우 변동된 내용이 우선한다.	
	② 적용 대상 기간이 지난 후에도 임금계약에 관한 별도의 합의가 없다면 본 계약 내용이 동일 조건으로 자동 갱신되는 것으로 본다.	

- 단계 2: 임금의 구성 항목을 명기(포괄임금제인 경우)

총연봉과 월 지급액을 정한다. 월 지급되는 급여는 기본급, 주휴수당, 연장근로 수당으로 구성한다.

총 연봉				원	월 지급액	원
구성 항목	월 지급액	구성 항목	월 지급액			
기본급	원	식대	원		기본급산정시간	시간
주휴수당	원	상여금	원		주휴산정시간	시간
연장수당	원				포괄연장근로시간	시간
휴일수당	원				포괄휴일근로시간	시간
야근수당	원				포괄야간근로시간	시간

- 단계 3: 포괄임금제 동의 확인을 받는다.

포괄임금 적용동의	근로자는 위와 같은 포괄임금제 적용에 동의한다. 동의확인: [서명]

- 단계 4: 임금의 계상방법을 정한다.

임금의 계산 방법	① 임금의 산정기간은 매월 x일부터 매월 x일까지로 하며, 지급 시기는 x일로 한다. ② 임금의 실지급액은 세금 및 사회보험료 등을 공제한 금액으로 한다. ③ 월 중도 입·퇴사 등으로 한 달 소정근로일수를 근무하지 못한 경우는 월 급여액을 그 달의 일수로 나누어 일할 계산한다.

- 단계 5: 임금의 지급 방법을 정한다.

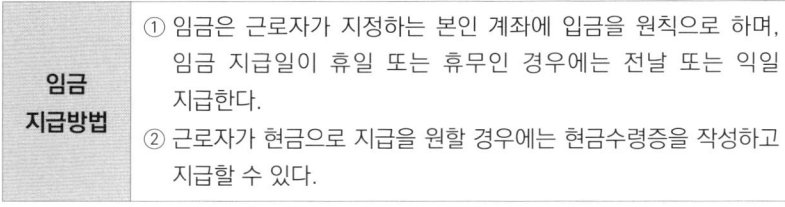

- 단계 6: 작성과 교부 확인을 받는다.

본인은 상기 계약사항을 모두 열람하였으며, 본 계약서 1부를 배부 받았음을 확인합니다.			
20xx년 xx월 xx일			
사용자	(인)	근로자	(서명)

05
사내근로복지기금

근로 복지 기본법 50조에 사업주가 사업 이익의 일부를 재원으로 사내근로복지기금을 설치하여 효율적으로 관리·운영함으로써 임금 기타 근로조건에 부가하여 근로자의 실질소득을 증대시켜 근로자의 생활 안정과 복지증진에 이바지하게 함을 목적으로 하는 제도다.

🔭 사내근로복지기금 제도의 유용성

근로자 측면: 근로자는 근로소득 외 추가적 복지비용을 지원받을 수 있다. 재난 구호금 지원, 생활 안정자금 대부를 통한 저소득근로자지원과 우리사주구입 비용 지원, 주택구매 비용, 임차자금 지원을 통한 근로자의 재산형성에 대한 도움과 장학금, 기념품 등에 대한 증여세 면제가 가능하다. 이러한 기금에서 지원받는 금품은 임금이 아니므로, 소득세와 4대 보험이 부과되지 않는다.

사용자 측면: 실질적 임금인상 없이 근로자에게 복지혜택을 제공한다. 사용자의 기금출연액은 기부금으로 인정되어 법인세가 절세되며 경영여건, 직전 연도 이익의 변동에 따라 출연액을 조정 할 수 있으며 근로자의 복지 수요에 능동적으로 대처할 수 있다. 근로자의 기업에 대한 애사심 향상과 원활한 노사관계를 형성하여 기업의 지속성장에 도움이 된다. 아울러 사업주의 다양한 출연으로 인하여 상속 및 증여에 대한 부담감을 해소한다.

🔭 기금 복지사업의 종류

무주택 근로자를 대상으로 국민주택규모 이하 주택과 직장주택조합을 연계하여 지원한다. 다만, 주택구매·임차 여부를 따지지 않고 전 근로자에게 일률적으로 지원하는 것은 허용하지 않는다. 저소득자의 생활 안정자금 대부가 가능하다. 다만, 자격요건과 관계없이 전 근로자를 대상으로 생활 안정자금 명목으로 자금을 빌려주는 것은 허용하지 않는다. 근로자와 그 자녀의 초·중·고·대학교 등의 장학금을 지원하며 다양한 체육·문화 활동을 지원한다. 다만, 실제 자금

용도를 확인하지 않고 체력단련비 또는 복리후생비 명목으로 전 근로자에게 일률적으로 소정의 금품을 지급하는 것은 허용하지 않는다.

🔭 세제 혜택

기업의 출연금은 전액 손비로 인정되며 법인세를 줄일 수 있다. 또한, 사내근로복지기금 법인이 출연받은 재산은 증여세를 과세하지 않는다. 향후 근로자가 사내근로복지기금에서 체육·문화활동비, 보육료, 학원수강료, 경조사비, 기숙사 등 복지를 받을 때 전액 비과세 혜택이 주어진다. 또한, 주택구매, 임차자금 지원과 우리사주구입 비용을 지원받아 실질적인 재산형성에 도움을 받을 수 있다. 기금에서 주는 금품은 임금에 해당하지 않아 4대 보험료와 소득세가 부과되지 않는다.

🔭 사내근로복지기금의 설립

1단계: 사내근로복지기금법인 설립합의를 한다. 노사협의회에서 의결한다. 다만, 노사협의회가 없는 회사는 사업주가 결정한다.

2단계: 설립준비위원회 구성을 한다. 설립준비위원회는 기금의 설립에 관한 최고 의사결정 기관으로 노사 각 2명 이상으로 총 10명 이하로 한다. 기금정관에 관한 안, 임원선임에 관한 안, 사업계획서 안, 기금출연에 관한 안 등을 준비하고 기금조성을 위한 출연금액을 결정한다.

3단계: 설립준비위원회 개최를 한다.

기금설립을 위한 기금정관, 임원의 선임, 사업계획서, 기금출연금안을 의결한다.

4단계: 설립인가 신청을 한다.

기금의 주사무소를 관할하는 지방고용노동관서 노동 상생 지원과에 설립인가 신청서, 정관, 기금설립준비위원회 위원의 재직 증명서, 기금출연확인서 또는 재산목록, 사업계획서, 예산서를 첨부하여 설립인가 신청을 한다.

5단계: 교부된 설립인가증을 수령한다.

기금설립인가신청서를 접수받은 지방고용노동관서는 20일 이내에 인가 여부를 결정하며 기금설립인가증을 교부하여야 한다.

6단계: 설립 등기를 한다.

기금 법인 설립을 인가한 지방고용노동관서에서 직인을 받은 정관과 설립인가증 원본과 등기서류를 첨부하여 설립인가증을 받은 후 3주 이내에 주된 사무소 소재지 관할 등기소에 설립 등기 신청을 한다.

7단계: 사업자등록증 신청과 출연금을 입금한다.

설립 등기를 마친 후 20일 이내 관할 세무서에 사업자등록증을 신청하고 금융기관에 기금 법인 명의 예금계좌를 개설하여 개설된 기금 법인 명의의 예금계좌에 출연금을 입금한다.

🔭 사내근로복지기금의 활용방안

첫번째, 기업승계전략에 활용한다.
일정 지분을 사내근로복지기금에 출연하여 상속재산을 줄인다.

두번째, 차명주식 출연분을 이익 소각한다.
차명주주가 보유한 주식을 사내근로복지기금에 출연한 후 이익 소각한다.

세번째, 자기주식을 처리한다.
기업이 보유하고 있는 자기주식을 사내근로복지기금에 출연하여 주식 가치를 낮춘다.

네번째, 가지급금을 정리한다.
대표가 보유한 주식을 자사주로 매입 후 사내근로복지기금에 출연한다.

6부

법인의 위험관리전략

01 가지급금

02 명의신탁주식

03 미처분이익잉여금

01

가지급금

가지급금이란 실제의 현금 등의 지출은 있었지만, 거래의 내용이 불분명하거나 거래가 완전히 종결되지 않아 계정과목이나 금액이 미확정인 경우, 또는 확정적인 거래는 있었으나 세법상 정규증빙을 수취하지 못하는 경우 일시적으로 표시하는 계정과목이다. 이러한 가지급금은 연말 결산 시 대표이사의 자금대여금으로 처리한다.

🔭 가지급금이 발생하는 원인 5가지

가지급금이 발생하는 원인은 회사의 경영형태와 환경에 따라 다양하다. 자본금의 가장납입, 거래 관행에서 발생, 회계 처리의 미숙, 분식회계, 대표이사의 개인적 사용 등이 있다.

발생 원인 1: 자본금 가장납입 때문에 발생

법인을 설립할 때 필요한 자본금을 주주가 회사에 실제 입금하지 않아서 발생한다. 법인을 설립할 때 출자하는 자본금은 주주가 회사 운영을 위하여 실제 현금 등을 예치하고, 회사 운영에 맞추어서 지출해야 한다. 법인 설립 시 필요한 자본금에 대한 증빙은 은행에서 발급하는 잔액 증명서로 증빙한다. 이에 주주가 법인 자본금을 정상적으로 입금하지 않고, 일시적인 차입금으로 잔액을 증명한 후 회사 설립 절차를 마치고 곧바로 출금하여 차입금을 갚는 경우가 많다. 또, 자본금을 늘리기 위한 유상증자 시 실제 대금을 입금하지 않고 입금한 것처럼 꾸미는 행위를 하는 경우가 있다. 이러한 자본금에 대한 가장납입으로 가지급금이 생긴다.

발생 원인 2: 거래 관행 때문에 발생

거래 관행에 따른 리베이트 혹은 과도한 접대로 인하여 발생한다. 요즘은 많이 없어졌지만, 현실적으로 치열한 경쟁에서 살아남기 위하여 발생하는 악습 중의 악습이지만 이런 경우가 있다. 주로 건설업의 하청업체가 공사를 수주할 때 많이 발생한다. 실제 1억 원의 공사를 수주하고도 원청에서 요구하는 리베이트 2,000만 원을 지급하기 위해 1억 2,000만 원의 세금계산서를 발급하고 1억 원을 수금하는 경우를 말한다. 그리고 영업을 할 때 과도한 접대로 인하여 발생한 경비는 회계적으로 처리하지 못한다. 이렇게 지출된 경비는 실제 현금이 나갔지만, 상대방을 특정하지 못해 가지급금이 생긴다.

발생 원인 3: 회계 처리가 미숙해서 발생

회사에서 나간 경비가 적격증빙을 갖추지 못했거나, 제대로 회계적 처리를 하지 못하여 발생한다. 적격증빙이란 세금계산서, 현금영수증, 카드 등으로 거래상대방과 금액을 특정해야한다. 자체 기장을 하는 회사의 기장에 대한 능력과 자금관리 능력이 부족하거나, 기장대행을 하는 회사가 증빙할 수 있는 자료를 미리 챙기지 못하거나 세무대리인의 요청에 적격증빙을 전달하지 못하는 경우 가지급금이 생긴다.

발생 원인 4: 분식회계 때문에 발생

분식회계란 회사의 실적을 좋게 보이게 할 목적으로 회사의 장부를 조작하는 것을 말한다. 가공의 매출을 기록한다든지 비용을 적게 계상하거나 누락시키는 등으로 결산 재무제표상의 수치를 왜곡하는 것이다. 이러한 분식회계를 하는 이유는 금융기관에서 대출을 받을 때 혹은 입찰 관련 손익을 맞추기 위해서 당기순이익을 높이고자 할 때 사용한다. 이러한 분식회계로 발생하지 않은 이익이 과대 계상되기 때문에 가지급금이 생긴다.

발생 원인 5: 대표이사의 개인적인 사용으로 발생

대표는 회사의 임원으로서 내규에 따른 적정한 급여와 상여를 받아야 한다. 급여를 받는 대표는 소득세와 함께 4대 보험료를 원천징수한 후 나머지를 받는다. 1천만 원의 급여에 대한 원천징수액 300만 원 정도를 공제한다면 실제 받는 돈은 700만 원일 것이다. 이러한 세금부담으로 대표의 우월한 지위를 이용하여 회사 자금을 마음대로 인출·사용한다. 또는 법인의 명의로 금전을 차입하여 개인이 사용하거나, 법인의 자금으로 자산을 취득하여 대표 명의로 사용하기도 한다. 이러한 개인적인 사용으로 생긴다.

🔍 가지급금의 위험 5가지

가지급금은 법인경영에 있어서 많은 위험이 된다. 대표적으로 인정이자, 지급이자 손금불산입, 법인세 증가, 소득세 증가, 대표이사의 형사적 처벌 등이 대표적인 가지급금의 위험이다.

위험 1: 인정이자

대표이사는 회사에서 발생한 원인을 확인할 수 없는 모든 가지급금에 대해 무조건 책임 및 상환의무가 있다. 또한, 상환이 완료되기 전 해당 금액에 대한 이자를 대표가 내야 한다. 내야 하는 이자는 금융기관 등으로부터 차입한 대금을 가중평균하여 계산한다. 그러나 실무적으로는 이러한 가중평균 이자율을 산정하여 계산하지 않고 당좌대출이자율 4.6%를 적용한다. 만약 가지급금이 10억 원이라고 하면 인정이자는 4,600만 원(1억 원×4.6%)이다.

위험 2: 지급이자 손금불산입

　원칙적으로 회사 운영을 위하여 차입한 자금에 대한 이자는 영업외 비용으로 이자란 계정과목으로 비용처리가 가능하다. 그러나 가지급금이 있는 회사는 금융기관 등을 통하여 차입한 금액에 해당하는 이자를 전액 비용으로 처리할 수 없다. 가지급금이 있다면 전체 차입금 중에서 가지급금에 해당하는 자금은 비용처리를 받을 수 없다.

　예를 들어 회사 차입금(이자율 연 7%)이 30억 원이고 가지급금이 10억 원인 경우, 차입금 30억 원에서 가지급금에 해당한 10억 원을 공제한 20억 원에 대한 이자만 비용처리 가능하다. 이자 2억 1천만 원이 아닌 1억 4천만 원만 비용으로 처리한다는 것이다. 10억 원에 해당하는 7천만 원은 비용처리가 되지 않는다.

위험 3: 대표이사 소득세 증가

　가지급금 인정이자는 대표가 개인의 돈으로 내야 한다. 제대로 내지 않을 경우, 회사가 대표에게 상여로 처분하고 그 상여금으로 이자를 내게 한다.

　예를 들어서 가지급금이 10억 원인 경우, 대표가 내야 할 인정이자 4,600만 원을 법인이 받기 위해 회사에서 대표에게 상여금 7,077만 원을 지급하면서 2,477만 원을 원천징수(소득세율 35% 가정)하고 남은 4,600만 원을 대표에게 지급한다. 이때, 4,600만 원은 바로 지급하지 않고 이자와 상계처리한다. 대표이사는 원천징수한 2,477만 원에 대한 소득세가 증가하게 된다.

가지급금 10억에 따른 대표이사 소득세 증가?

법인

상여처분 7,077만 원
↓
소득세 2,477만 원 원천징수(35%)

인정이자
4,600만 원 상환

개인

위험 4: 대표이사의 형사적 처벌

가지급금이 있는 회사의 대표는 법률적 책임인 횡령 또는 배임으로 형사적 처벌을 받을 수 있다. 횡령의 사전적 의미는 타인의 재물을 보관하는 자가 그 재물을 무단으로 사용하거나 그 반환을 거부함으로써 성립되는 죄를 말한다. 배임은 주어진 임무를 져버려서 회사에 재산상의 손해를 입힌 죄다.

법인에는 이해관계자들이 많다. 회사의 주인인 주주와 자금을 대여해준 금융기관, 상품을 공급해 준 매입처와 같은 채권자들과 세금을 받는 과세관청 등 다양한 이해관계자들이 있다. 회사의 자금이 불분명한 목적으로 사용되었다면 회사를 책임지는 대표이사에게 그 책임을 물어 횡령 또는 배임의 형사적 처벌이 주어진다.

위험 5: 법인세 증가

법인세는 각 사업연도 소득금액에 세율을 곱하여 계산한다. 각 사업연도 소득은 당기순이익에 익금산입과 손금불산입이라는 세무조정을 거치게 된다. 세무조정에 따라 가지급금 10억 원에 대한 이자 4,600만 원(인정이자율 4.6%)을 익금산입하고, 회사의 금융비용으로 처리되었던 채무 10억 원에 대한 이자 7,000만 원(차입금 이자율 7%)은 손금 불산입된다.

이러한 세무조정을 거쳐 각 사업연도 소득은 1억 1,600만 원 증가하게 된다. 증가한 소득에 대하여 법인세 2,204만 원을 추가로 내야 한다.

당기순이익 + 익금산입 : 4,600만 원 (인정 이자) + 손금불산입 : 7,000만 원 (지급 이자 손금 불산입) → 사업연도 소득금액

사업연도 소득금액 1.16억 원 상승으로 법인세 2,204만 원 추가납부

🔍 법인 가지급금을 확인하는 방법 3가지

가지급금은 재무상태표의 계정과목과 손익계산서의 영업외수익, 세무조정계산서를 통해 확인할 수 있다.

확인방법 1: 재무상태표로 확인

재무상태표의 자산 항목 중 유동자산 항목을 살펴보면 찾을 수 있다. 선급금, 주임종 단기대여금, 주임종 단기채권, 단기대여금, 기타의 단기대여금으로 나타나 있으면 대표의 가지급금일 경우가 많다. 아울러 미수이자 혹은 미수수익이 있는 경우도 가지급금이 있다고 추정할 수 있다. 실제 보유하고 있는 재고보다 많은 재고자산과 연 매출액에 비하여 비슷한 업종의 평균보다 과다한 매출채권도 가지급금으로 의심해 볼 수 있다.

재무상태표
20xx년 12월 31일 현재

주식회사 ○○○○ (단위 : 원)

계정과목	당 기	계정과목	당 기
자 산		부 채	
Ⅰ. 유동자산		Ⅰ. 유동부채	
미수이자		Ⅱ. 비유동부채	
단기대여금		부채총계	
주임종 단기대여금			
주임종 단기채권		자 본	
기타 단기대여금		자본금	
매출채권 / 재고자산		미처분이익잉여금	

확인방법 2: 손익계산서로 확인

손익계산서는 1년 동안 일어난 매출액과 매출총이익, 영업이익, 세전 이익에 영업외수익과 영업외비용을 차감한 당기순이익 순으로 계산한다.

영업외수익은 현금을 예치하고 받은 이자수익을 포함한다. 법인이 보유한 현금에 비하여 과다한 이자수익이 발생했다면 그 이자는 금융회사에서 받은 이자가 아닌 대표이사의 가지급금 인정 이자일 수 있다. 손익계산서에 이자수익이 회사 형편보다 과다한 부분은 인정이자이므로 가지급금 규모를 추정해 볼 수 있다.

손익계산서

당기 20xx년 1월 1일부터 20xx년 12월 31일까지
전기 20xx년 1월 1일부터 20xx년 12월 31일까지

주식회사 ○○○○ (단위 : 원)

계정과목	당 기	전 기
Ⅰ. 매출액		
Ⅱ. 매출원가		
Ⅲ. 매출총이익		
Ⅳ. 판매비와 관리비		
Ⅴ. 영업이익(손실)		
Ⅵ. 영업외수익		
이자수익		

확인방법 3: 세무조정계산서로 확인

세무조정계산서는 법인에서 법인세를 신고할 때 작성하는 서류이다. 회사의 거의 모든 세무적 내용은 전부 기록되어 있다. 그 중 '가지급금 등의 인정이자 조정명세서(갑)(을)', '업무무관 부동산 등에 관련한 차입금 이자조정명세서(갑)(을)'에 법인의 가지급금에 대한 내용이 있다.

'가지급금 등의 인정이자 조정명세서(갑)'에 가지급금에 대한 적수와 인정이자가 얼마인지 명기하고 있다. 가지급금 적수와 인정이자를 통해 현재 가지급금이 얼마인지 추정할 수 있다. '가지급금 등의 인정이자 조정명세서(을)'에 일자별 가지급금이 발생한 내역과 적수를 상세히 살펴볼 수 있다. 또한 누구에게 귀속되었는지를 통해 실제 가지급금의 소유를 확인할 수 있다. 보통 대표인 경우가 많다.

'업무무관부동산 등에 관련한 차입금 이자조정명세서'에 법인이 차입한 자금에 대한 이자 비용 중 업무 목적으로 사용하지 않고 업무와 상관없는 자산을 취득하거나 외부로 유출한 경우, 이에 대한 차입금의 이자 비용은 손금으로 인정하지 않는다. 업무와 상관없이 사용된 자금에 대한 이자 비용에 대해서 손금불산입 세무조정을 한다.

🔍 가지급금 해결방법 6가지

가지급금은 다양한 방법으로 해결할 수 있다. 개인재산으로, 급여 및 상여금으로, 배당으로, 퇴직금으로, 자기주식으로, 산업재산권 등으로 상환할 수 있다.

해결방법 1: 개인재산으로 상환

가장 간단하고 현실적인 방법이다. 현금으로 상환하게 되면 추가적인 세금부담이 없지만, 기타 재산의 경우에는 상환에 따른 절차와 세금이 발생한다. 개인이 소유한 부동산으로 상환할 때에는 부동산에 대한 감정평가를 통하여 가액을 정해야 한다. 매도하는 개인은 양도소득세를 내야 하고 매수하는 법인은 취득세 등의 관련 세금을 내야 한다.

또는 개인이 가입하고 있던 보험 상품으로 상환할 수 있으며, 현금 외 기타 재산으로도 상환할 수 있다. 이 경우 전문가를 통한 가액의 결정과 관련 세금을 검토하여야 한다. 만약 대표이사가 특허권이나 상표권 등 영업권이 있는 경우에는 감정평가사의 평가를 통하여 금액을 산정하여 법인에 양도하여 상환할 수 있다.

해결방법 2: 급여 및 상여금을 받아 상환

대표가 기존에 받는 급여를 인상하거나 매년 상여금을 받아서 가지급금을 상환하는 방법이다. 이렇게 급여 등으로 상환하게 되면 소득세 및 4대 보험료는 증가한다. 약 40% 이상의 세금을 내야 한다. 10억 원의 가지급금을 상환하기 위해서는 약 6억 6,700만 원의 세금부담이 있다. 많은 금액을 정리하기에는 다소 무리가 있지만, 가지급금이 적은 회사나 매년 발생하는 가지급금이 있는 경우에는 효과적인 방법이 될 수 있다.

급여나 상여금을 기존에 받던 것에 더해 더 받기 위해서는 반드시 법인 정관을 확인해야 한다. 임원의 보수 지급을 위해서는 관련 규정이 있어야 하므로 규정 확인이 필요하다. 정관에 임원의 상여금 규정이 없거나 그 금액을 초과하여 상여금을 지급하게 되면 손금 불산입되기 때문이다.

해결방법 3: 배당을 받아 상환

대부분의 회사 대표는 출자자인 주주인 경우가 많다. 주주는 주주총회 결의를 통해 배당을 받을 수 있는 권리가 있다. 결산기 때 받는 정기배당과 결산기 외 한번 받을 수 있는 중간배당을 받아 상환하는 방법이다. 받는 배당금이 2,000만 원 이하라면 배당소득세 15.4%(지방소득세 포함)만 부담하면 된다. 4대 보험료는 내지 않아도 된다. 그러나 2,000만 원을 초과하여 배당을 받게 되면 타 소득과 합하여 종합소득세를 계산해야 한다. 기존 소득을 고려한다면 세금만 약 40% 이상을 내야 한다. 급여·상여와 마찬가지로 10억 원의 가지급금을 상환하기 위해서는 약 6억 6,700만 원의 세금부담이 있다. 많은 금액을 정리하기에는 다소 무리가 있다. 이 방법은 가지급금이 적은 회사나 매년 발생할 가지급금이 있는 경우에는 효과적인 방법이 될 수 있다. 중간배당을 실행하기 위해서는 법인의 정관에 해당 규정이 반드시 있어야 한다.

해결방법 4: 퇴직금을 받아 상환

가지급금이 있는 대표가 실제 퇴직을 하거나 현실적인 퇴직의 조건에 맞는 경우 취할 수 있는 제한된 방법이다. 퇴직을 실제 하지 않고 퇴사를 한 것으로 꾸미면 안 된다. 과거에는 실제 퇴사하지 않고 현실적인 퇴직이라고 하여 임원의 보수를 연봉제로 전환하는 방법으로 중간정산을 받을 수 있었다. 그러나 2016년 이후부터는 이러한 사유로 중간정산을 할 수 없게 되었다.

이러한 제한적인 방법임에도 실제 퇴직이 이루어진다면 적은 세금으로 많은 가지급금을 정리할 수 있다. 많은 퇴직금을 받아서 가지급금을 정리하기 위해서는 퇴직 전 3년간의 연봉이 얼마인지, 퇴직금 지급 배수가 몇 배로 되어 있는지가 중요하다. 만약 임원의 퇴직금 지급 규정이 없거나 미비하다면 정관변경을 통하여 임원의 퇴직금 지급 규정을 반드시 준비하셔야 한다.

해결방법 5: 자사주로 상환

자사주로 상환하는 방법은 회사의 자기주식 취득 결정에 따라 출자자로서 보유하고 있는 주식을 양도 신청하여 회사에 양도한다. 회사의 주식 가치가 높은 회사의 주주인 대표가 보유한 주식을 양도하고자 할 때, 주식 대금을 지급할 자금이 없는 회사의 경우, 양도에 따른 매매대금을 대표이사의 가지급금과 상계하여 상환하는 방법이다. 2012년 4월 15일부터 비상장회사도 자기주식의 취득이 가능해졌다. 각 주주가 가진 주식 수에 따라 균등한 조건으로 배당가능 이익의 범위 안에서 평등하고 공정하게 자기주식을 취득할 수 있게 되었다. 양도하는 주주는 회사가 자기주식을 취득하는 목적에 따라 양도소득세를 내야 한다. 양도차익에 대하여 25%(3억 이상)의 양도소득세를 내야 한다.

자기주식으로 상환하는 방법은 여러 가지 세무적 이슈들이 완전하게 해결되지 않은 방법이기에 되도록 조심스럽게 접근해야 한다. 최근 판결 내용을 살펴보면 상법 규정에 따른 절차를 준수했다 하더라도 자기주식 취득이 법인의 오너를 위해 우회적인 자금 지원 목적이 있다면 과세당국은 부당한 거래로 간주하여 다른 가지급금으로 처리된 사례가 있다.

해결방법 6: 산업재산권을 활용

산업재산권이란 특허권, 실용신안권, 상표권 및 의장권을 말한다. 개인이 기존에 보유하고 있는 특허 혹은 대표이사가 발명자가 되어 신규로 특허를 취득하여 법인에 양도하는 것이다. 산업재산권 출원 및 등록과정에서 발명자로 기재되어 있더라도 관련 부속서류나 사실관계가 미흡할 경우 문제의 소지가 있다.

또한, 산업재산권의 평가금액의 적정성이 중요하다. 양도하는 대표이사와 양수하는 법인이 특수관계자 간의 거래이기 때문이다. 시가보다 높게 거래한 경우 법인세법 및 소득세법에 따라 부당행위로 간주하여 부인을 당할 수 있다.

02

명의신탁주식

'명의신탁'이란 소유 관계를 공시하도록 하는 재산에 대하여 소유자 명의를 실소유자(명의신탁자)가 아닌 다른 사람(명의수탁자) 이름으로 해 놓은 것을 말한다. '명의신탁주식'이란 주식이 본인의 소유임에도 다른 사람의 이름으로 주주명부에 등재하는 것으로, 실무에서는 차명주식과 혼용하여 사용한다.

🔍 주식을 명의신탁하는 이유 3가지

주식을 명의신탁하는 이유는 다양하다. 대표적으로 3가지로 정리하면, 상법상의 최소 발기인 요건, 과점주주의 납세의무, 세금 절세의 목적이 있다.

이유 1: 상법상의 최소 발기인 요건을 몰라서

과거의 상법은 주식회사를 설립하기 위한 최소 발기인 수를 1996년 9월 30일까지는 7인 이상, 2001년 7월 23일까지는 3인 이상으로 규정하고 있었다. 이러한 최소 발기인 요건을 맞추기 위해서 실제 회사 설립에 관여하지 않은 타인(친구, 직원, 친척)을 출자자인 주주로 참여시켰다. 그러나 2001년 7월 24일 이후부터는 상법 개정으로 발기인 1인도 주식회사를 설립할 수 있게 되었다. 그러나 아직도 과거 관행에 따라 주주가 3인이 되어야 하는 것으로 알고, 친구나 직원 또는 친척에게 본인의 주식을 명의신탁하기도 한다.

이유 2: 과점주주의 납세의무 때문에

과점주주란 특정 주주를 기준으로 특수관계자의 주식 비율이 법인의 총발행주식 수의 50%를 초과하여 보유한 주주를 말한다. 50%보다 1주라도 많은 주주를 말한다. 과점주주가 되면 법인이 내야 할 국세, 지방세에 대해 2차 납세의무가 발생한다. 체납세액이 발생하면 과점주주가 연대하여 내야 한다. 또한, 간주취득세 납부의무가 발생한다. 법인이 취득하는 재산에 대하여 취득세 납부의무가 생긴다. 다만, 설립 시에 형성된 과점주주가 지분율 증가가 없다면 이 의무는 아무런 의미가 없다. 이러한 과점주주로서의 법인 납부세액의 2차 납부의무와 간주취득세 납세의무를 벗어나고자 명의신탁 하기도 한다.

이유 3: 세금을 줄이기 위해서

회사에서 배당액이 결정되면 주주 지분에 따른 배당이 이루어진다. 주주는 배당금을 수령하고 그에 해당하는 배당소득세를 내야 한다. 이자와 배당은 금융 소득으로 분류하여 1인당 2,000만 원까지는 14%의 세금만 내면 되지만 초과하는 소득은 종합소득 합산과세가 되어서 누진세율이 적용된다. 최고 49.5%(지방소득세 포함)가 부과되기 때문에 이를 회피하기 위해서 타인을 차명주주로 등재하기도 한다.

🔎 명의신탁을 빨리 해결해야 하는 이유 5가지

차명주식 즉 주식의 명의신탁은 반드시 해결해야 한다. 그 이유는 수탁자(가짜 주주)의 변심, 자본거래의 위험성, 차명주주의 소수주주권 행사, 입증의 어려움, 명의신탁주식에 대한 증여세 등 다양한 이유가 있다.

이유 1: 수탁자의 변심

회사의 자산가치가 증가하여 주식의 가치가 높아진 사실을 수탁자가 알게 되거나 신탁자가 불의의 사고가 생기면, 수탁자(가짜 주주)는 자신의 재산이라고 주장할 수 있다. 또한, 수탁자의 사망이 발생하여 상속이 개시되면 명의신탁된 주식도 상속재산에 포함된다. 수탁자의 상속인들이 피상속인의 재산이라고 주장하게 되면 법정 소송에 휘말리는 경우가 생기므로 빨리 해결해야 한다.

이유 2: 자본거래의 위험성

회사가 성장하여 자본금 증자를 할 경우, 명의수탁자(가짜 주주)에게 추가로 배정이 이루어지면 증자된 금액(액면 금액)의 명의신탁이 아니라 증자 당시의 주식평가 가액을 명의신탁 금액으로 산정한다. 증자 시 발생한 명의신탁주식은 향후 엄청난 증여세를 부담해야 한다. 자본금 증자를 실행하기 전에 반드시 명의신탁주식을 해결해야 추가적인 증여세 문제가 발생하지 않는다.

이유 3: 차명주주의 소수주주권 행사

2017년 대법원 판례에 차명주주에게도 소수주주권은 인정된다고 하고 있다. 이러한 소수주주권을 차명주주가 악의적으로 활용한다면 회계장부 열람 청구권, 업무재산상태 검사청구권을 이용하여 횡령, 배임, 탈세 등에 대한 증거를 찾아낼 수 있다. 이를 통하여 형사고발, 해임청구를 하면 경영권에 많은 제약을 받는다.

> **참조) 발행주식 총수의 3% 이상을 보유한 주주의 소수주주권**
> - 이사 해임청구권: 이사의 중대한 위반이 있음에도 불구하고 주주총회에서 그 해임을 부결한 때에는 그 이사의 해임을 법원에 청구할 수 있는 권리
> - 주주총회 소집청구권: 회의의 목적과 소집이유를 적은 서면 등을 이사회에 제출하여 임시주주총회의 소집을 청구할 수 있는 권리
> - 회계장부 열람 청구권: 서면으로 회계장부나 서류의 열람 또는 등사를 청구할 수 있는 권리다. 회사는 이를 거부하지 못한다.
> - 업무재산상태 검사청구권: 회사의 업무와 재산 상태를 조사하기 위해 법원에 검사인의 선임을 청구할 수 있는 권리

이유 4: 입증이 힘들어지는 점

명의신탁해지를 통한 주식을 환원할 때 가장 중요한 증거인 출자금에 대한 금융자료 등 다양한 자료가 오랜 시간이 흘러 없어지게 되면 명의신탁을 했다는 것을 입증하기가 힘들어지므로 빨리 해결해야 한다.

이유 5: 명의신탁주식에 대한 증여세

상속세 및 증여세법에 권리의 이전이나 행사에 등기 등이 필요한 주식의 실제 소유자와 명의자가 다른 경우에 명의자가 실제 소유자에게 증여받은 것으로 보아 명의를 빌려준 사람에게 증여세를 부과한다고 규정하고 있다. 이때 증여세뿐 아니라 가산세도 부과한다.

🔍 명의신탁주식의 재산 평가는?

명의신탁 재산에 대하여 증여세를 부과할 때, 재산의 평가는 증여의제일 당시의 시가 또는 보충적 평가액으로 평가한다. 명의신탁 재산의 증여의제 시기는 명의를 개서 한 날을 기준으로 하는데 상법에서는 주주명부에 취득자의 주소와 성명을 기재한 때라고 하고 있다. 즉, 어느 시점이 증여의제 시기인지에 따라 증여세는 다르게 결정된다. 다음의 3가지 경우에 대해 알아보자.

(case1) 법인의 최초 설립 시에 명의신탁이 이루어진 경우, 증여재산의 평가는 주식 액면가로 한다. 자본금 5,000만 원 중 20%를 명의신탁한 경우 증여의제에 해당하는 금액은 1,000만 원이고 그에 따른 증여세는 100만 원이다.

(case2) 명의신탁 이후 증자를 한 경우, 증자가 이루어진 날이 새로운 명의신탁이 되어, 그날의 평가액이 증여재산이 된다. 자본금을 5,000만 원에서 1억 원으로 증자할 때 20%를 균등하게 증자하면 증여의제에 해당하는 금액은 1,000만 원이 아닌 당시의 시가 평가 금액이 된다. 만약, 회사 가치가 10억 원으로 평가된다면 증여가액은 2억 원이고 그에 따른 증여세는 3,000만 원이 된다.

(csse3) 직원 이름으로 명의신탁한 주식을 해당 직원이 퇴사할 때 다른 직원으로 명의를 개서 한 경우, 새로운 직원에게 명의신탁한 날 주식의 평가액이 증여재산 가액이 된다.

🔎 명의신탁주식의 해지 방법 4가지

'명의신탁의 해지'란 명의수탁자 앞으로 되어 있는 공부상의 소유명의를 명의신탁자인 실질 소유자 명의로 환원하는 것을 말한다. 본래의 자기 재산을 본인의 명의로 되돌리는 명의신탁계약을 해지하면 된다. 그러나 보통의 경우 간단하게 처리하지 못한다. 명의신탁임을 스스로 밝혀야 하는데 입증을 하기 힘들기 때문이다. 객관적인 사실관계를 다음의 방법으로 입증하여야 한다.

해지 방법 1: 증자대금을 실제로 납입 했다는 근거가 있어야 한다. 회사 설립 시 자본금을 출자할 당시 수탁자가 아닌 신탁자가 본인이 직접 납입 했다는 금융자료 등을 제시해야 한다. 이러한 자금 흐름에 대하여 통장에서 이체한 내역 및 자금출처에 대한 증빙이 되어야 한다. 설립 이후 증자를 하였다면 증자대금을 수탁자가 아닌 명의신탁자가 직접 납입한 사실에 대한 객관적인 근거를 제시할 수 있는 증빙이 필요하다.

해지 방법 2: 배당 재원의 실지 귀속을 확인한다. 회사의 배당에 따라 주주는 본인이 가지고 있는 주식 수에 비례하여 배당금을 받는다. 배당금을 받은 명의수탁자(가짜 주주)가 받은 배당금을 실제 소유자인 명의신탁자(진짜 주주)가 회수했다는 객관적인 근거를 제시할 수 있다면 명의신탁 사실을 입증할 수 있을 것이다.

해지 방법 3: 법인을 설립할 때 주식을 명의신탁하고 그 약정서를 작성하였다면 명의신탁약정서를 통해 명의신탁을 해지할 수 있다.

공증을 받아 두었다면 확실하다. 그러나 명의신탁 시 작성된 약정서가 없는 경우가 많다. 이런 경우에는 해지하는 시점에라도 사실관계를 기초로 하여 명의신탁약정서를 작성한다면 법정에서 유리한 증거가 될 수 있다.

해지 방법 4: 명의신탁해지에 대한 판결문을 활용하는 방법이다. 명의신탁한 재산에 대한 분쟁이 있는 경우 소송을 통하여 승소 판결문을 받을 수 있다면 명의신탁 사실을 입증할 수 있을 것이다.

🔍 명의신탁주식을 환원할 때 발생하는 세금

실제 명의자로 수탁자가 보유하고 있던 주식을 신탁자로 명의를 옮기는 것이므로 주식 환원 시 발생하는 세금은 없다. 다만, 명의신탁했던 시점에 명의신탁 재산에 대한 증여세를 내야 하고 그에 따른 신고불성실 가산세, 납부 불성실 가산세를 추가로 내야 한다. 법인 설립할 때 발생한 명의신탁주식의 가액은 액면가가 증여재산 가액이 되므로 발생하는 세금은 그리 많지 않다.

그러나 증자 혹은 지속적인 주주명부의 변경이 발생한 경우에는 그 행위가 발생한 시점의 주식 가액을 평가한 금액이 증여재산 가액이 된다. 가산세를 포함하면 엄청난 세금을 부담해야 한다. 증여세는 수탁자(가짜 주주)가 내지 않으면 신탁자(진짜 주주)가 연대하여 내야 한다.

사례학습) 설립시 명의신탁과 이후 증자로 인한 명의신탁의 비교

(case 1)

주식 만 주를 액면가 5,000원으로 하여 자본금 5,000만 원을 출자한 법인의 창업자가 출자한 주식 중 6,000주를 명의신탁하였다. 그에 대한 증빙은 완비되었다. 10년 후 명의신탁 해지를 통하여 주식을 회수한다면 내야 할 세금은 증여세로 300만 원, 가산세 334만 원으로 총 내야 할 세금은 634만 원이다.

- 증여세: 6,000주 × 5,000원 × 10%(증여세율) = 300만 원
- 신고불성실 가산세: 300만 원 × 20% = 60만 원
- 납부불성실 가산세: 300만 원 × 9.125%×10년 = 274만 원

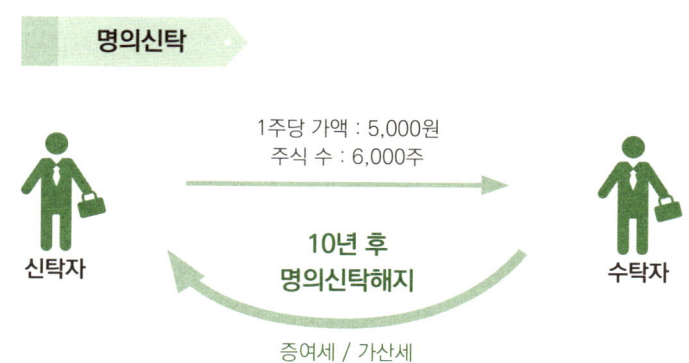

(case 2)

주식 만 주를 액면가 5,000원으로 하여 자본금 5,000만 원을 출자한 법인의 창업자가 출자한 주식 중 6,000주를 명의신탁한 후 8년이 지난 후 유상증자 5,000만 원을 했다. 증자 당시 주식 지분율에 따라 균등하게 증자하여 수탁자에게 6,000주를 배정하였다. 증자 당시 1주당 평가금액은 20만 원이었다. 설립 후 10년, 증자 후 2년이 지난 시점에 수탁했던 주식을 명의신탁으로 해지한다면 내야 할 세금은 약 4억 4,800만 원이다.

① 설립 시 주식(증여재산 가액: 3,000만 원)
- 증여세: 3,000만 원 × 10%(증여세율) = 300만 원
- 신고불성실 가산세: 300만 원 × 20% = 60만 원
- 납부불성실 가산세: 300만 원 × 9.125% × 10년 = 274만 원
  소계: 634만 원

② 증자 시 주식(증여재산 가액: 12억 원)
- 증여세: 12억 원 × 40% - 1.6억 원 = 3.2억원
- 신고불성실 가산세: 3.2억 원 × 20% = 6,400만 원
- 납부불성실 가산세: 3.2억 원 × 9.125% = 5.840만 원
  소계: 442,400,000원

③ 합계 6,340,000원 + 442,400,000원 = 448,740,000원

👀 명의신탁주식 환원 간소화 제도

2014년 6월 23일부터 시행된 제도다. 과거 상법의 발기인 규정 등으로 인해 법인 설립 시 부득이하게 주식을 다른 사람 명의로 등재하였으나 실제 소유자 명의로 환원하지 못하고 있는 기업에 대하여 간소화된 절차로 환원할 수 있도록 실시하고 있다.

과거 상법의 최소 발기인 요건을 맞추기 위해 보유주식 일부를 가족, 친인척, 지인 등 타인 명의로 등재한 경우, 명의신탁 기간이 오래되고 입증서류가 부족하여 명의신탁주식을 환원하기가 힘든 경우가 많다. 이러한 불편함이 국세청과 대한상공회의소가 공동으로 조사한 '국민이 바라는 10대 세정개선 과제' 중 하나로 선정되었다. 이에 과도한 절차와 세무행정상의 불확실성을 해소해 주고 중소기업의 가업 승계를 돕기 위해 '명의신탁주식 환원 간소화 제도'를 시행하게 되었다.

이 제도는 다음 4가지 요건을 모두 충족하는 경우여야 한다. ① 2001년 7월 23일 이전 설립된 법인, ② 조세특례제한법 시행령 제2조에서 정하는 중소기업, ③ 실제 소유자와 명의수탁자가 법인 설립 당시 발기인, ④ 설립 당시에 명의신탁한 주식을 실제 소유자에게 환원하는 경우다. 신청 시 '명의신탁주식 실제 소유자 확인신청서'와 명의신탁임을 입증할 수 있는 증빙서류를 갖추어 주소지 관할 세무서에 제출한다. 필수 서류는 중소기업 등 기준 검토표, 주식발행법인이 발행한 주식명의개서확인서, 명의신탁자의 인적사항, 명의신탁 및 실명전환 경위 등의 확인과 주식 대금 납입 및 배당금 수령계좌 등의 금융자료와 신탁약정서, 확정판결문 등이다. 모든 서류가 준비된다면 명의신탁임을 입증하는 데 도움이 된다.

양수도 방법으로 회수 시 문제점 3가지

명의신탁주식을 회수하기 위하여 명의신탁해지의 방법으로 해야 함에도 입증에 대한 어려움과 증여세와 가산세의 부담으로 회수하지 못하는 경우가 많다. 그래서 액면 가액으로 양도, 자기주식 취득, 회사에 증여, 신탁자의 자녀에게 양도 또는 증여를 아무런 진단과 검토 없이 하는 경우가 있다. 실제 명의신탁임에도 원칙적인 절차가 아닌 양도로 처리하는 경우에는 다음과 같은 문제점이 있다.

문제점 1: 양도소득세의 부당행위 계산 부인

명의신탁을 찾아오는 시점은 기업 설립 후 오랜 시간이 지난 경우가 대부분이다. 이 경우 주식의 가치는 상당히 높은 가격으로 평가된다. 그런데 양도가액을 액면 가액으로 하여 증권거래세만 부담하고 양도로 처리하게 되면 양도소득세의 부당행위가 되어 세금을 추징당할 수 있다.

문제점 2: 증여세 추징

실제 양도로 인정받으려면 양도자에게 대금을 지급한 객관적인 근거가 있어야 하는데, 그렇지 못하면 양도로 인정받지 못하고 증여세가 추징된다.

문제점 3: 간주취득세 납부

명의신탁 해지가 아닌 양도로 주식 지분을 취득하게 되면 늘어난 지분으로 과점주주가 되어 간주취득세를 내야 한다.

03
미처분이익잉여금

　미처분이익잉여금이란 기업의 영업활동으로 발생한 이익 중 기업 내에 유보되어 있는 이익금의 누적금을 말한다. 전기 이월잉여금과 당기에 발생하는 순이익을 주주 배당을 통하여 유출하지 않고 기업 내 유보함으로 매년 쌓여 있게 된다. 자본 항목의 이익잉여금 계정에 나타나 있다.

🔎 미처분이익잉여금이 발생하는 이유 5가지

미처분이익잉여금은 다양한 이유로 발생이 된다. 대표적으로 재투자를 위한 준비, 가공의 재무제표, 일정 소득률을 맞추기 위해서, 유동성이 부족해서, 배당에 인색한 기업풍토로 미처분이익잉여금은 매년 쌓여만 간다.

발생 이유 1: 재투자를 위한 준비 때문

기업은 지속적인 투자 활동을 해야 한다. 필요한 자금이 준비되지 않으면 외부로부터 빌려와야 한다. 금융기관을 통한 자금을 조달받으면 추가적인 금융비용이 발생하므로 잉여금을 기업에 유보하기도 한다.

발생 이유 2: 가공의 재무제표 때문

중소기업들은 창업 초기 금융기관의 자금 조달이 필요한데, 금융기관은 자금이 필요한 회사의 재무제표로 성장성, 안정성에 대하여 신용평가를 한다. 해당 기업은 매출을 부풀리고 비용 누락을 통한 가공이익을 발생시켜 손익계산서와 재무상태표를 좋게 분식해야 신용평가를 잘 받을 수 있다. 좋은 신용평가를 토대로 필요한 자금을 융통할 수 있어 재무제표를 가공하기도 한다.

발생 이유 3: 일정 소득률을 맞추기 위해서

국세청에서는 업종별 매출 규모에 따라 소득률 분석을 하여 세무조사에 활용한다. 지속적으로 업종별 소득률에 미달하게 되면 세무조사 대상자로 선정된다. 세무조사를 회피하고자 하는 목적으로 분식으로 재무제표를 작성하기도 한다.

발생 이유 4: 유동성이 부족하기 때문

손익계산은 현금의 수수와는 관계없다. 수익은 수입을 유발하는 사건이 발생할 때, 비용은 수익과 대응하여 인식하는 발생주의를 따른다. 실제 현금의 유입이 발생하지 않아도 이익잉여금은 발생할 수 있다.

발생 이유 5: 배당에 인색한 기업풍토 때문

유보된 금액은 배당금으로 지급해야 한다. 이때 주주가 받는 배당금은 일정 금액 이상이 되면 종합소득 합산과세가 되어 고율(최대 49.5%)의 세금이 발생한다. 법인세를 내고 또 소득세를 내야 하는 불편함으로 인하여 잉여금은 쌓여만 간다.

🔭 미처분이익잉여금이 기업에 미치는 위험 3가지

과도한 미처분이익잉여금은 주식을 이동해야 할 때 고평가된 가액으로 많은 양도소득세가 발생, 증여나 상속에 따른 상속세 부담, 기업청산 시 많은 배당소득세가 발생한다.

위험 1: 주식이동 시 많은 양도세가 발생

차명주식을 명의신탁해지가 아닌 양도의 방법으로 회수하고자 할 때, 혹은 대주주의 지분을 자녀 등에게 양도의 방법으로 이동시키고자 하는 경우, 비상장주식이 고평가된다. 고평가된 주식을 이동하게 되면 양도소득세가 많이 발생한다.

위험 2: 증여나 상속이 발생할 때 많은 세금이 발생

가업 승계 지원제도인 증여세 과세특례제도를 이용할 때 비상장 주식 가치가 높게 평가되면 증여공제 5억 원을 활용하더라도 자녀에게 더 많은 지분을 이동할 수 없다. 상속이 발생하면 피상속인이 보유한 고평가된 주식은 상속재산 가액을 높여 상속세 부담과 재원 마련에 많은 어려움이 발생한다. 심지어는 회사를 공중 분해하거나 헐값으로 처분해야 할 수도 있다.

위험 3: 기업청산 시 많은 배당소득세가 발생

법인기업이 사업을 종료하기 위해서는 청산의 절차가 필요하다. 거액의 미처분이익잉여금은 주주의 의제배당으로 처리되므로 최대 49.5%(지방소득세 포함)의 세금과 추가적인 4대 보험료 등의 비용이 발생한다.

상속증여세법 시행령 제 54조(비상장주식의 평가)

1. 법 제63조 제1항 1호 나목에 따른 주식 등(이하 이 조에서 "비상장주식 등"이라 한다)은 1주당 다음의 계산식에 따라 평가한 가액(이하 "순 손익가치"라 한다)과 1주당 순 자산가치를 각각 3과 2의 비율[부동산 과다보유법인(소득세법 제94조 제1항 4호 다목에 해당하는 법인을 말한다)의 경우에는 1주당 순 손익가치와 순 자산가치의 비율을 각각 2와 3으로 한다]로 가중평균한 가액으로 한다. 다만, 그 가중 평균한 가액이 1주당 순 자산가치에 100분의 80을 곱한 금액보다 낮은 경우에는 1주당 순 자산가치에 100분의 80을 곱한 금액을 비상장주식 등의 가액으로 한다.

🔭 미처분이익잉여금을 줄이는 방법 5가지

미처분이익잉여금을 한꺼번에 줄인다면 기업 운영에 많은 악영향이 있다. 그래서 전략적으로 접근해야 한다. 급여나 상여금을 적극적으로 활용하는 방법, 배당정책의 활용, 자기주식취득의 활용, 감자플랜, 이익소각을 통해 조금씩 줄여야 한다.

방법 1: 급여나 상여금을 적극적으로 활용하는 방법

미처분이익잉여금은 매년 늘어난다. 전기 이월금에 해당연도 이익금이 더해져 지속적으로 쌓여 가는 구조다. 당해 이익금은 매출에서 비용을 공제한 금액으로 생긴다. 즉, 적법한 비용(급여, 상여 등)을 많이 발생시키면 이익금도 줄어들고 미처분이익잉여금의 증가도 일부 줄일 수 있다. 기업의 재무상황과 사업주에게 발생할 소득세 등을 면밀하게 분석하여 급여나 상여금을 지급하면 비용을 증가시킬 수 있다. 다만, 임원에게 지급하는 보수는 정관 규정에 따라 사회적 통념을 벗어나지 않는 범위의 통상적인 금액을 지급해야 한다.

방법 2: 적극적인 배당정책을 활용하는 방법

배당금이란 회사가 벌어들인 당기순이익을 원천으로 수익금 일부를 주주에게 배분해 주는 것이다. 투자한 주주에게 배당을 어느 시기에, 어떤 형태로, 얼마나 지급할지에 대하여 배당정책을 마련하여 적극적인 배당을 해야 한다. 배당금을 받는 주주는 소득세 등을 동시에 생각해야 한다. 소득세를 고려한다면 1인의 지배주주가 아닌 가족 구성원들을 주주로 등재하여 중간배당, 차등배당, 현물배당의 다양한 배당 전략을 활용할 수 있다.

방법 3: 자기주식 취득을 활용하는 방법

자기주식 취득이란 법인이 발행한 주식을 매입 등을 통하여 재취득하는 것을 말한다. 비상장회사의 경우 자기주식 취득을 과거 상법은 소각할 때에만 허용하였지만 지금은 폭넓게 허용하고 있다. 자기주식을 취득하고자 하는 회사는 배당가능이익의 범위 내에서 취득이 가능하다. 자기주식 취득을 활용하면 미처분이익잉여금 처리와 주주에게 이익을 환원하는 전략이 될 수 있다. 취득의 목적이 양도일 경우에는 20%(과세표준 3억 이상 경우 25%)의 양도소득세만 부담하면 된다.

방법 4: 감자플랜을 활용하는 방법

감자란 자본금 축소로 발생한 금전을 주주들에게 지분비율에 따라 지급하는 것으로 주주들에게 투자금에 대한 보상 또는 자본금을 반환하는 것이다. 이러한 유상감자를 하게 되면 미처분이익잉여금을 줄일 수 있다. 이때 자본금에 대한 보상을 받는 주주는 소득세를 내야 한다. 취득했던 가액을 기준으로 감자차익에 해당하는 배당소득세를 내야 한다.

발기인으로 참여했던 주주가 감자로 인하여 배당을 받으면 거액의 소득세를 부담해야 하지만, 고평가된 주식을 증여받은 주주(배우자 활용)는 증여를 받은 가액과 감자의 금액이 같다면 의제 배당금액이 발생하지 않아 세금이 없다. 배우자 증여공제 6억 원을 활용한다면 좋은 플랜이 될 수 있다.

방법 5: 이익소각을 활용하는 방법

이익 소각은 감자에 따른 필수적인 절차인 주주총회 특별결의와 채권자 보호 절차 등이 필요하지 않다. 전기 말 배당가능이익의 범위에서 법적 절차를 거쳐서 취득한 자기주식을 소각하는 것이다. 주식의 이익 소각을 실행하면 소각결의일의 다음 달 10일에 배당소득세를 내야 한다. 이때 배당소득세는 이익 소각금액에서 취득한 가액을 공제한 금액을 과세표준으로 계산한다. 감자플랜과 같이 배우자에게 증여공제를 활용하여 사전 증여한다면, 증여를 받은 가액과 이익 소각금액이 같아서 의제 배당금액이 발생하지 않아 소득세 부담 없이 잉여금 관리를 할 수 있다.

7부

CEO보상전략

01 CEO플랜과 보험

02 임원의 급여와 상여

03 임원의 퇴직금

04 주주의 배당 전략

05 자기주식취득

01

CEO플랜과 보험

　대부분의 중소기업 CEO는 회사의 주주이자 대표이사로서 배당과 급여를 받을 수 있다. 이렇게 받은 돈은 갑작스러운 사고에 대한 대비와 노후를 준비할 수 있다. 하지만 이러한 급여와 배당은 높은 배당소득세와 근로소득세를 부담해야 한다. 퇴직 시 한꺼번에 큰돈을 가져올수도 있지만 회사에 거액의 돈이 없어 힘든 경우가 많다.

🔍 CEO플랜의 일반적정의

CEO플랜이란 통상적으로 법인에서 발생한 이익을 CEO가 급여·상여금 외에 퇴직을 사유로 퇴직금을 받는 것을 말한다. 법인의 자금으로 금융상품에 가입하여 회사 CEO의 사망에 대한 보장, 법인세 절세를 하고 퇴직 시점에 계약자 변경을 통하여 보험을 이전하는 플랜을 일반적인 CEO플랜이라고 한다.

🔍 CEO플랜 보험의 구조

CEO플랜으로 가입하는 보험은 원칙적으로 대표이사 개인의 것이 아닌 법인이 권리와 의무에 대한 소유권이 있다. 왜냐하면, 보험의 계약자가 법인이기 때문이다. 보험은 계약자와 수익자, 피보험자로 이루어진다. 계약자란 보험의 실질적인 주인으로서 보험료를 내야 할 의무가 있다. 수익자란 만기 혹은 피보험자의 사고로 인한 보험금이 지급될 때 가져올 수 있는 법적 권리가 있다. 반면 피보험자는 이러한 의무와 권리가 없다. 생명보험 계약에서는 사람의 생·사라는 보험사고의 객체가 되는 사람이며, 손해보험 계약에서는 피보험이익의 주체, 즉 보험사고가 발생함으로써 손해를 입은 자를 말한다.

최초 계약 시 계약자는 법인, 피보험자는 임원, 수익자는 법인으로 했다가 퇴직 시점에 계약자·수익자를 법인에서 해당 임원으로 변경하여 보험증서를 승계하는 구조이다. 이렇게 회사가 소유한 보험 상품을 퇴직 시점에 해당 임원이 보험의 소유권인 계약자의 지위와 수령권인 수익자의 지위를 이전받아 이에 대해 퇴직소득세를 내는 것이다.

🔭 CEO플랜 목적으로 가입한 상품의 퇴직금 인정

세법에는 명확한 규정이 없다. 그러나 2011년 기획재정부 유권해석에 따라 퇴직금으로 인정하였다. 사회 통념상 합리적인 범위 내에서 소득세를 탈루할 목적이 아니라면 2011년 3월 29일부터 퇴직금으로 인정한다는 것이다.

> **기획재정부 소득-109(2011.3.29.)**
>
> 법인이 계약자, 수익자를 법인으로 임원을 피보험자로 하는 보험에 가입하고 임원 퇴직 시 보험의 계약자, 수익자를 법인에서 피보험자인 퇴직임원으로 변경하는 경우, 법인이 부담한 임원이 퇴직하는 당시 보험의 평가액은 퇴직 임원의 퇴직소득에 해당함. 다만, 보험의 평가액을 포함한 임원의 퇴직소득이 과다하여 법인세법 제52조의 부당행위계산의 부인규정이 적용되는 경우에는 해당 규정이 적용되지 아니한 범위 내에서만 퇴직소득에 해당하며, 이를 초과하는 금액은 근로소득에 해당함.

🔭 CEO플랜의 보험의 평가액

보험의 평가액을 어떻게 하는가에 대해서는 명확한 규정이 없다. 그러나 국세청 예규(상속증여세과-339, 2013.07.09.)에 상속되는 보험을 규정하고 있다. 이 예규는 '피상속인으로부터 상속인에게 승계되는 보험의 평가는 상속개시일까지 피상속인이 납부한 보험료의 합계액과 불입한 보험료에 가산되는 이자 수입 상당액을 합계하여 평가한다.'라고 하고 있다. 이에 따라 법인이 계약자인 보험을 퇴직하는 CEO에게 승계할 때 그 평가는 보험료 불입액 + 이자 수입 상당액으로 하는 것이 합리적일 것이다.

🔎 퇴직금의 좋은 점

오너 CEO(지배주주 & 대표이사)가 법인에서 발생한 이익을 가져오는 방법은 다양하다. 급여·상여·배당 등 다양한 방법으로 개인소득화가 가능하다. 이때 가장 중요하게 고려해야 할 부분은 세금과 적법성일 것이다. 대표이사에게 퇴직금 지급은 상법 절차에 의해 만들어진 규정과 법인세법에 따른 한도만 고려하면 적법성을 부여받는다. 세금부담도 급여, 상여, 배당을 통해서 수령 하는 것과 비교하면 약 50% 이상을 줄일 수 있다. 또한, 법인세 절세효과도 있다. 법인에서 지급하는 퇴직금이 법인세법의 규정에 합당하다면 손익계산서의 판매관리비 항목으로 손금으로 처리할 수 있다.

🔎 CEO플랜의 법적 인정

통상적으로 법인 정관은 법무사가 법인을 설립할 때 기본적인 원시정관으로 하고 있다. 원시정관에는 보편적으로 '임원의 퇴직금은 주주총회 결의에 의한다' 혹은 '임원의 퇴직금은 주주총회 결의를 거친 임원퇴직금 지급 규정에 의한다'라고 기재되어 있다. 이러한 정관으로는 세법에서 인정하는 만큼의 퇴직금을 받는데 제한이 있다.

그러므로 정관에 규정을 만들어야 한다. 주주총회 의결을 거쳐 임원의 퇴직금 지급 규정을 개정 또는 수정해야 한다. CEO가 주주총회의 의장이 되어, 안건을 상정하고 토의를 거쳐 특별결의를 한다. 특별결의(출석 주주의 3분의 2 이상의 찬성과 발행주식의 3분의 1 이상의 찬성)에 의하여 의결된 내용을 주주총회의사록에 기재하고 공증(법적 의무는 없음)을 받으면 향후 분쟁에 대한 대비가 될 수 있다.

정관변경을 의결하는 주주총회를 개최하기 위해서는 선행적으로 이사회를 통한 주주총회 소집통지를 해야 한다. 다만, 자본금이 10억 원 미만인 법인의 경우에는 주주 전원의 동의로 주주총회 소집절차 없이 개최할 수 있다.

02

임원의 급여와 상여

　법인이 임원에게 지급하는 보수란 급여와 상여금을 의미한다. 매년 영업 성과에 대한 보상으로서 그 지급기준을 정하고 그 기준에 따라 지급해야 한다. 그래서 상법, 법인세법, 소득세법에서 엄격하게 규제하고 있다. 임원은 근로자와 달리 법인에 우월한 지위를 이용해서 본인에게 많은 보수를 지급할 수 있는 권한이 있기 때문이다. 특히 전문경영인이 아닌 출자자인 최대주주는 더 엄격한 제한을 두고 있다.

🔍 임원 보수의 법적 성격

회사의 업무집행권을 가진 이사 등 임원은 회사로부터 일정한 사무처리의 위임을 받으므로(상법 382조 2항) 사업자의 지휘·감독 아래 일정한 근로를 제공하고 소정의 임금을 받는 고용 관계에 있는 것이 아니다. 따라서 일정한 보수를 받는 것은 근로기준법의 소정의 임금과는 다른 것이다(대법원 87다카2268, 1988.6.14.). 상법 제388조는 '이사의 보수는 정관에 그 액을 정하지 않은 때에는 주주총회의 결의로 이를 정한다'라고 규정하고 있다. 여기에서 말하는 이사의 보수는 대법원의 다수 판례에서 월급·상여금 등 명칭을 불문하고 이사의 직무수행에 대한 보상으로 지급되는 대가가 모두 포함되고, 퇴직금 퇴직위로금도 그 재직 중의 직무집행의 대가로 지급되는 보수의 일종으로 보고 있다.

🔍 임원의 보수 결정

일반적으로 임원의 보수는 급여와 상여금을 말한다. 임원의 보수는 그 지급기준을 정하고 그 지급기준에 따라 지급해야 세무상 비용으로 인정을 받을 수 있다. 임원이란 회사에서 업무를 집행. 감시. 감독하는 자이며, 법적으로는 회사와 위임관계에 있다. 사업주의 지휘·감독 아래 일정한 근로를 제공하고 소정의 임금을 받는 근로자와는 다른 법률적 위치에 있다. 상법에 임원의 보수 지급에 관한 규정이 있다.

> **상법 388조**
> 이사의 보수는 정관에 그 액을 정하지 않은 때에는 주주총회의 결의로 이를 정한다.

🔍 임원의 보수 지급 한도에 대한 법적 근거

법인세법 시행령 43조 2항에 '법인이 임원에게 지급하는 상여금 중 정관·주주총회 또는 이사회의 결의에 따라 결정된 급여지급기준에 의하여 지급하는 금액을 초과하여 지급하는 경우, 그 초과금액은 이를 손금에 산입하지 않는다'라고 규정하고 있다. 또한, 법인세법 시행령 43조 4항에 '지배주주 등인 임원에게 정당한 사유 없이 다른 임원보다 초과 지급한 보수는 손금불산입한다'라고 규정하고 있다. 즉, 임원의 상여금에 대해서는 법인세법 시행령 43조에 지급기준에 따라 지급하되 지배주주 등이 타 임원과 비교하여 많이 받아가는 것은 손금으로 처리할 수 없도록 하고 있다.

🔍 주주총회 결의로 정하는 임원의 보수

최근 대법원 판례는 "정관에 이사의 보수에 관하여 주주총회의 결의로 정한다고 되었더라도 주주총회에서 그 금액, 지급 시기, 지급 방법 등에 관하여 결의가 없었다면 이사는 보수를 청구할 수 없다"라고 명시하고 있다. 이처럼 상법에서 이사의 보수를 주주총회를 통하여 정하도록 한 것은 이사가 자기 결정권에 의하여 이사회 등을 통하여 임금을 결정하는 것은 회사와 주주 및 회사채권자의 이익을 침해할 여지가 있기 때문이다. 회사를 소유하고 지배하는 주주총회에서 정하지 않은 임원의 보수는 법적으로 인정받는 것은 매우 어렵다. 이사회에서 의결한 의안을 주주총회에서 의결정족수에 따라 적법하게 보수의 금액, 지급 시기, 지급 방법 등에 대하여 결의를 해야만 임원 보수에 대한 지급 청구권이 발생한다는 것이다.

🔭 임원에게 지급하는 보수의 비용처리

법인세법 시행령에 임원에게 지급하는 상여금에 대한 비용처리에 대하여 엄격히 제한하고 있다. 이렇게 하는 이유는 사전에 정해진 보수 지급 규정이 없이 임원들이 자의적 결정으로 급여 명목으로 법인의 이익을 가져가게 되면 법인 이익에 대한 법인세가 줄어들 여지가 있기 때문이다.

> **법인세법 시행령 43조**
> ① 이익처분에 따라 지급하는 상여금은 손금에 산입하지 아니한다.
> ② 주주총회 등에서 결정된 급여지급기준을 초과하여 지급하는 금액은 그 초과금액을 손금에 산입하지 아니한다.
> ③ 지배주주 등인 임원에게 정당한 사유 없이 동일직위에 있는 임원에게 지급하는 금액을 초과하여 보수를 지급하는 경우 그 초과금액은 손금에 산입하지 아니한다.

🔭 임원의 보수는 매년 주주총회에서 결정해야 하는가?

매년 정기주주총회에서 임원에게 지급할 보수를 정한다는 것은 현실적으로 어렵다. 주주총회에서 임원에게 지급할 금액에 대해 한도를 설정한 임원 보수 지급 규정을 사전에 만들고 이를 바탕으로 매년의 성과보상액을 이사회 결의를 통하여 결정하면 된다. 내용과 기준은 사회통념과 동종업종, 매출 규모 및 이익 규모에 형평성을 벗어나지 않으면 적법한 규정으로 인정받을 수 있다.

03
임원의 퇴직금

임원의 보수 중 급여·상여와 달리 퇴직금에 대하여는 더 엄격한 제한을 두고 있다. 그 이유는 타 소득과 달리 퇴직소득은 분류 과세를 채택하고 소득세 부과체계도 달라 근로소득과 비교하여 많은 절세효과가 있기 때문이다.

🔍 퇴직금의 장점

일반적으로 중소기업의 지배주주는 회사의 임원으로 근무하고 있다. 사업주는 사업에서 발생한 이익을 개인화할 때 적은 세금을 부담하고 싶어 한다. 이때 임원으로서 받는 급여는 법인세를 절세할 수 있는 좋은 소득 유형이나 소득세가 높아 많은 금액을 받지 않는다. 그러나 적법한 퇴직금은 법인세를 절세할 수 있으며, 많은 금액을 저율(6~25%)의 세금만 부담하면 된다. 이러한 거액의 퇴직금은 든든한 노후자금으로 사용한다. 또한, 비상장주식 가치 계산 시 순손익을 감소시켜 주식평가를 낮추어 주식이동에 대한 세금을 줄일 수 있으며, 타 소득과 달리 4대 보험료 부담이 없다.

🔍 법인세법에 따른 임원의 퇴직금 한도

법인세법에 따른 임원의 퇴직금은 시행령 44조에 손금으로 처리할 수 있는 한도를 규정하고 있다. 법인세법은 소득세법의 까다로운 제한규정이 아닌 자유로운 법인 각 각의 처한 상황에 따라 자유롭게, 극히 제한적으로 퇴직금의 한도를 정한다. 우선 법인의 정관에 따라 한도 없이 지급할 수 있지만, 정관에 임원 퇴직금 규정이 없다면 연봉의 10%에 해당하는 퇴직금을 지급할 수 있도록 하고 있다. 근로자에게 지급하는 퇴직금과 비교하여 1.2배에 해당한다.

법인세법 시행령 44조 4항
1. 정관에 퇴직급여로 지급할 금액이 정하여진 경우에는 정관에 정하여진 금액
2. 총급여액의 10분의 1에 상당하는 금액에 근속연수를 곱한 금액

🔍 정관에 정한 임원 퇴직금을 전액 손금 인정하는 이유

정관에 퇴직금으로 정해 놓은 금액을 지급하는 경우에 임원의 퇴직금 전액을 손금산입할 수 있도록 규정한 이유는 정관은 법인의 근본 규칙으로서 일단 정관에 정해 놓은 퇴직금을 증감시키기 위해서는 상법상의 정관 변경절차를 거쳐야 하므로 임원이라도 임의로 임원 퇴직금을 과다하게 지급하는 것이 비교적 어려워 법인의 소득을 부당히 감소시킬 염려가 적다는 이유에서다. 이 경우 정관에 퇴직금을 정해 놓은 금액을 지급하는 경우와 마찬가지로 정관에서 위임한 퇴직급여 지급 규정에 따른 퇴직금이 전액 손금산입되기 위해서는 임원이라도 임원 퇴직금을 임의로 증감시킬 수 없을 정도로 정관 자체에 퇴직금 범위에 관한 기본사항이 정하여져 있어야 한다. 주주총회에서 정한 퇴직금 지급 규정이 특정 임원이 퇴직 시마다 퇴직금을 임의로 지급할 수 없는 일반적이고 구체적인 기준인 경우, 이를 정관에서 위임한 퇴직급여 지급 규정이라고 볼 수 있다.

🔍 임원의 퇴직금을 제한하는 이유

종합과세 되는 근로소득이나 배당소득보다 퇴직소득은 일반적으로 세금이 적다. 이 규정을 악용해 법인 임원들이 임의로 퇴직금을 과다 책정하는 경우가 많았다. 때문에, 세법에서는 임원 퇴직금에 대하여 한도를 규정하고 있다.

🔍 임원의 퇴직금은 얼마나 받을 수 있나?

임원 퇴직금에 대해 법인세법과 소득세법은 그 범위를 달리 정한다. 법인세법은 회사의 정관 규정에 따라 지급하는 금액을 손금

처리 할 수 있지만, 소득세법은 그 범위에 대하여 몇 번의 법 개정이 있었다. 법인세법상 임원이 받을 수 있는 퇴직금 한도는 회사의 사적 자치에 해당하므로 소득세법에 퇴직금 한도 규정을 두어 한도 내에서만 퇴직소득으로 인정하여 퇴직소득세를 내고, 초과하는 금액은 근로소득세로 부과하는 개정을 하게 되었다. 대표적으로 2011년, 2019년 두 번 소득세법 22조의 개정이 있었다.

🔍 법인의 손금으로 인정받기 위한 조건

법인에서 지급하는 퇴직금이 법인의 회계적 비용이 아닌 세법상 손금으로 인정받기 위해서는 법인세법 시행령에서 규정한 한도 규정과 별도로 몇 가지 조건이 더 필요하다. 현실적으로 퇴직하는 경우에 지급하여야 하고, 임원 또는 사용인에게 지급하는 연금 또는 일시금이어야 하며, 법인이 퇴직급여를 실제로 지급한 경우라야 하며, 해당 과세기간에 발생한 소득이어야 한다.

🔍 퇴직금을 포기하는 경우의 손금처리

정관 규정에 따라 받을 퇴직금을 포기하더라도, 과세관청에서는 포기한 퇴직금에 대해서도 소득세를 부과한다(서이 46013-10121, 2003. 01. 17), 이때 수령을 포기한 퇴직금은 법인의 이익에 해당하는 익금으로 처리하여 추가적인 법인세를 부담해야 한다(서이 46012-11798, 2003. 10. 17). 예를 들면 정관 규정에 따른 퇴직금이 10억 원이지만, 5억 원만 받으면 실제 10억 원에 대한 퇴직소득세를 전부 내야 하고, 받지 않은 5억 원은 법인의 수익으로 계상하여 추가적인 법인세를 내야 한다. 이 경우의 소득세율이 40%이고, 법인세율이 20%라고 가정하면 소득세 2억 원(5억 원 ×40%)과 법인세 1억 원(5억 원×20%)을 부담해야 한다.

🔍 소득세법에 따른 임원의 퇴직금 한도

소득세법에서는 법인세법과 달리 엄격한 한도를 두고 있다. 이러한 이유는 퇴직소득세는 타 급여·상여로 받는 소득에 비해 많은 절세가 가능하기 때문이다. 과거에는 최대 80%까지 절세가 되기도 하였으나 현재는 퇴직금 규모에 따라 다르지만 약 50% 정도 절세가 있다. 이러한 이유로 두 번의 큰 개정으로 임원 퇴직금에 대한 한도를 규정하여 무분별한 절세를 막고자 하고 있다.

1차 개정: 2012년 1월 1일

소득세법 22조 개정으로 2012년 1월 1일을 기점으로 하여 이전 기간에 대해서는 퇴직금 한도에 대하여 제한을 두지 않지만 이후 기간은 임원이 받는 연봉을 기준으로 제한을 두고 있다. 퇴직하기 전 3년간 받은 평균 연봉의 30%에 해당하는 금액에 근속연수로 곱한 금액을 받을 수 있었다.

2차 개정: 2020년 1월 1일

이후 2019년 추가적인 소득세법 개정으로 2020년을 기점으로 하는 새로운 퇴직금 제한 규정이 만들어졌다. 입사 후 2019년 12월 31일까지는 평균 연봉의 30%에 해당하는 금액에 근속연수를 곱한 금액을 받을 수 있지만, 2020년 1월 1일부터는 연봉의 20%에 해당하는 금액에 근속연수를 곱한 금액을 받을 수 있도록 하고 있다.

다만, 2019년 이전 기간의 평균 연봉의 30% 구간에 대해 2011년 12월 31일에 퇴직하였다고 가정할 때 받을 퇴직소득 금액이 있는 경우에는 그 금액은 모두 인정한다는 것이다. 즉 2011년 12월 31일까지 기간은 한도를 적용하지 않고 회사 규정에 따라 지급하는 금액을 전액 퇴직소득으로 인정한다.

> **소득세법 22조**
>
> [2011년 12월 31일 퇴직하였다고 가정할 때 받을 퇴직 소득금액] + [2019년 12월 31일부터 소급하여 3년 동안 받은 총급여의 연평균 환산액 × 2012년 1월 1일부터 2019년 12월 31일까지의 근무 기간 × **30%**] + [퇴직한 날부터 소급하여 3년 동안 받은 총급여의 연평균 환산액 × 2020년 1월 1일 이후의 근무 기간 × **20%**]

🔍 임원의 퇴직금 중간정산

임원이 현실적인 퇴직의 사유로 퇴직을 하면 중간정산을 할 수 있다. 현실적인 퇴직의 조건 6가지 중 하나인 '급여를 연봉제로 전환함에 따라 향후 퇴직급여를 지급하지 아니하는 조건으로 그때까지의 퇴직급여를 정산하여 지급한 때'라는 조항은 2015년 12월 31일까지 적용하고 2016년 1월 1일 이후부터는 삭제되었다. 법인세법 시행령 44조 2항에서 정하는 조건 이외에는 임원도 중간정산을 받을 수 없다.

다만, 중간정산일 현재 1년 이상 주택을 소유하지 아니한 세대의 세대주인 임원이 주택을 구입하기 위하여 내국법인이 그때까지의 퇴직급여를 중간정산하여 지급한 경우에는 법인세법 시행령 제 44조 2항에 해당하는 현실적인 퇴직에 해당하여 퇴직금을 중간정산을 받을 수 있다.

사례학습) 아래와 같이 2014년 입사하여 2023년 퇴직하는 임원의 퇴직금에 대하여 임원이 받을 수 있는 퇴직금, 퇴직소득으로 인정되는 퇴직금에 대하여 알아보자.

입사일	2015년 01월 01일			
퇴사일	2024년 12월 31일			
정관 규정	최근 3년 연봉의 10%×근속년수×3배수			
연봉	2016년	2017년	2018년	2019년
	8천만 원	1억 원	1.2억 원	1.4억 원
	2021년	2022년	2023년	2024년
	1.5억 원	1.6억 원	1.8억 원	2억 원

단계 1: 정관에 따른 퇴직금 계산

1.8억 원의 10% × 10년 × 3배수 = 5.4억 원

최근 3년 연봉의 1/10 = 1,800만 원
근속연수 = 10년
지급 배수 = 3배수

단계 2: 퇴직소득 한도액 계산

2020년 이전 퇴직금 한도액:

2019년 최근 3년 평균 연봉의 10% × 근속연수 × 3배

= 1,200만 원 × 5년 × 3배 = 1.8억 원

2020년 이후 퇴직금 한도액:

2024년 최근 3년 평균 연봉의 10% × 근속연수 × 3배

= 1,800만 원 × 5년 × 2배 = 1.8억 원

단계 3: 퇴직소득과 한도 초과 근로소득 정리

(단위: 억 원)

구분	퇴직소득	근로소득	계
2019년 이전	1.8	0.9	2.7
2020.01.01. 이후	1.8	0.9	2.7
합계	**3.6**	**1.8**	5.4

수령 가능한 퇴직금은 총 5.4억 원이다. 이 가운데 3.6억 원은 퇴직소득으로 인정받으며 나머지 1.8억 원은 근로소득으로 과세된다.

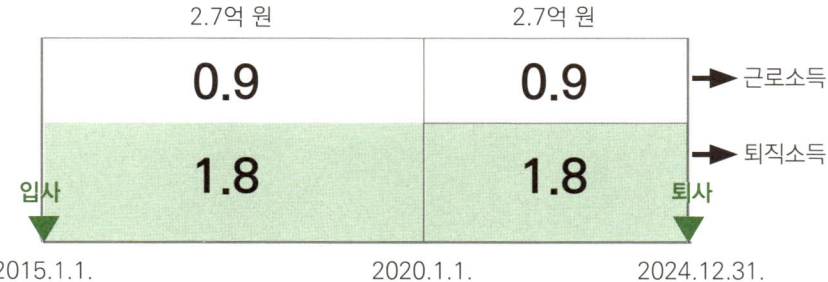

🔎 퇴직금에 대한 다양한 해석

해석 1: 주주총회 결의에 의한 임원 퇴직금 지급액에 대한 손금불산입 여부(퇴직소득 해당 여부)

정관상에 퇴직금 등의 지급액이 정하여지지 아니하고 위임된 퇴직급여 지급 규정도 없이 단지 주주총회 결의로 지급하는 퇴직금은 정관에 위임된 퇴직급여 지급 규정에 따라 지급액으로 볼 수 없으므로 법인세법 시행령 제 34조 제2항 2호의 규정을 적용하여 퇴직금 손금산입 한도액을 계산하고, 한도 초과액은 손금불산입하여 임원에 대한 근로소득으로 하여 원천징수함(법인 46012-1043, 1997.4.14.) 법인이 모든 임원에게 일관성 있게 적용되는 퇴직급여 지급 규정을 정관에서 위임한 바에 따라 퇴직급여로 지급할 금액을 주주총회의 결의로 정한 경우에는 법인세법 시행령 제 44조 제5항에 따른 '정관에서 위임된 퇴직급여 지급규정'에 해당하는 것임(법인세과-704, 2010.07.26.)

해석 2: 임원의 퇴직급여를 당해에 변경한 법인의 정관이나 그 위임된 퇴직금 지급 규정이, 적정한 퇴직급여 지급 규정에 해당하는지 판단의 기준

법인세법 시행령 제44조 제3항의 정관에 정하여져 있는 임원 퇴직금의 경우란, 정관에 임원의 퇴직금을 계산할 수 있는 기준이 정하여져 있거나, 정관에서 위임된 퇴직급여 지급 규정이 따로 있는 경우에는 당해 규정에 따른 퇴직금을 말하는 것이다. 정관에서 위임된 퇴직금 지급 규정은 당해 위임에 의한 임원 퇴직금 지급 규정

의 의결내용 등이 정당하고, 특정 임원의 퇴직 시마다 퇴직금을 임의로 지급할 수 없는 일반적으로 구체적인 기준을 말하는 것으로, 당해 지급 규정의 내용에 따라 임원 퇴직 시마다 퇴직금을 임의로 지급할 수 없는 일반적인 구체적인 기준을 말하는 것으로, 당해 지급 규정의 내용에 따라 임원 퇴직 시마다 계속 반복적으로 적용하여 온 규정이라야 한다.

만약 정관에 퇴직금 지급 규정에 대한 구체적인 위임사항을 정하지 아니하고 '별도의 퇴직금 지급 규정에 의한다'라고만 규정하면서 특정 임원의 퇴직 시마다 임의로 동 규정을 변경 지급할 수 있는 경우에는 법인세법상 손금으로 용인할 수 있는 적정한 퇴직금 지급 규정이라고 할 수는 없는 것이다. 즉 임원에게 지급하는 퇴직금이 정당하게 지급한 퇴직금인지 판단은 특정 임원의 퇴직을 앞두고 당해 임원 등만을 위한 퇴직금 지급 규정인지 아니면 당해 임원의 퇴직 전후에도 계속 반복적으로 적용하여 온 퇴직금 지급 규정인지 사용인에 비하여 지나치게 많이 지급되는 퇴직금인지 등 제반 상황에 따라 사실판단 하는 것이다(서면 인터넷방문 상담 2팀 - 1455, 2004.07.13.).

해석 3: 퇴직을 원인으로 하여 지급된 임원의 급여로서 정관 등 퇴직금 지급규정에 의하지 아니하고 지급된 급여에 대한 처리

법인이 일정 요건을 갖춘 임원의 퇴직 시에 정관에 따른 퇴직금 외에 별도로 추가보수금액을 지급하는 경우 해당 금액은 각 사업연도 소득금액 계산 시 손금에 산입하지 아니하고, 해당 임원의 근로소득으로 본다(법규소득 2014-271, 2014.12.10.).

04

주주의 배당 전략

　배당이란 기업이 영업활동을 통해 벌어들인 이익을 주식을 가지고 있는 사람들에게 그 소유 지분에 따라 분배하는 것이다. 배당금은 주주총회나 이사회에서 지급 시기를 따로 정한 경우를 제외하고는 주주총회 승인 뒤 1개월 안에 지급하여야 하며 배당금에 대한 지급 청구권의 소멸시효는 5년이다.

🔍 배당의 장점

 법인의 주주이자 임원은 오너 CEO로서 급여와 상여를 받는다. 그러나 주주의 권리로서의 배당을 받는 경우는 거의 없다. 그 이유는 다양하지만, 일반적으로 상법상 주어진 주주의 배당에 대한 절차가 복잡하기 때문이다. 오너 CEO가 급여의 일정 금액을 배당으로 나누어 받으면, 소득세와 4대 보험료를 줄일 수 있다. 지급하는 시기, 형태, 금액, 대상을 전략적으로 마련한다면 많은 절세를 할 수 있다. 회기 중 중간배당, 2,000만 원 이하 배당, 분산배당 전략은 소득세를 줄이고 상속세 재원준비, 자녀자금출처에 대한 증빙 등 다양한 긍정적 효과가 있다. 다양한 배당 전략은 미처분이익잉여금을 줄여 순 자산가치를 낮춤으로 비상장주식 가치 조정 효과도 있다. 향후 주식이동에 대한 양도세, 증여세 절세와 상속재산 고평가로 인한 상속세 절세효과도 가질 수 있다.

🔍 법인에서 배당을 하지 않는 이유

 법인에서 배당을 하지 않는 이유는 다양하다. 첫째, 배당 이외에 이익금을 인출할 방법이 있기 때문이다. 주주로서의 배당이 아닌 임원으로서 급여·상여를 통하여 법인의 이익을 가져오기 때문이다. 둘째, 법인의 돈이 결국은 내 돈이라 생각하여 언제든지 가져올 수 있다는 심리가 작용하기 때문이다. 셋째, 배당을 받을 때 최고 49.5%(지방소득세 포함)의 세금이 부과된다고 생각해서이다. 그러나 인당 2,000만 원까지는 15.4%(지방소득세 포함)의 저율의 세금만 부담하면 된다는 것을 알지 못하고 많은 소득세를 내야 한다고 알고 있다. 넷째, 배당은 임의로 가져오는 것이 아니고 주주총회에서 결정해야 가져올 수 있는데 이러한 절차가 복잡하고 익숙하지 않기 때문이다. 다섯째, 실제 이익은 발생했지만, 배당금을 지급할 현금이 없기 때문이다. 발생주의는 수익을 현금을 수취할 때가 아니고 수입이 유발하는 사건이 발생할 때 인식한다.

효과적인 배당 전략 4가지

배당을 효과적으로 하기 위해서는 분산하여 지속적으로 하고, 소득이 적은 사람에게 하며, 중간배당을 활용하고, 명의신탁주식이 있다면 전략적 배당을 실시한다.

전략 1: 배당을 분산하고 지속적 실행

소득세는 1년 동안 발생한 모든 소득을 합하여 과세한다. 과세연도에 따라 지속적 분산전략을 구사하여 배당을 실시하면 소득세를 줄일 수 있다.

만약, 1년에 2억 원의 배당을 받으면 소득세율 41.8%(지방소득세 포함)를 적용되어 8,360만 원의 세금을 내야 하지만 2,000만 원씩 10년간 나누어 배당을 받으면 총 내야 하는 세금은 3,080만 원이다. 절세되는 금액만 5,280만 원이다. 그러므로 특정 시점에 큰 금액을 배당받는 것 보다 매년 일정한 액수를 지속 반복적으로 하는 것이 절세에 유리하다.

전략 2: 소득이 적은 사람에게 배당

소득세는 1년 동안 발생한 모든 소득을 합하여 사람별 과세한다. 특히 배당을 2,000만 원 이하로 할 경우, 분리과세되어 15.4%만 세금부담을 하면 된다. 만약 초과하는 금액이 있으면 종합과세가 된다. 만약, 타 소득이 많은 사람이 많은 배당을 받으면 최대 49.5%(지방소득세 포함)에 해당하는 세금을 낼 수 있다. 그러나 다른 소득이 없는 사람은 1억 원의 배당을 받더라도 세금은 15.4%만 부담하면 된다.

전략 3: 중간배당을 활용

중간배당이란 법인이 영업연도 중간에 예상되는 이익이나 임의준비금을 배당하는 것을 말한다. 이러한 중간배당을 활용하면 소득의 귀속 시기를 분산하여 과세표준을 낮출 수 있다. 다만, 이러한 중간배당은 정관에 관련 규정이 마련되어 있는 경우에만 그 효력이 인정된다.

전략 4: 명의신탁확인을 받기 위한 배당

명의신탁된 주식을 돌려받기 위해서는 명의신탁해지의 절차를 밟아야 한다. 이때, 명의신탁을 입증하기 위해서는 명확한 증빙이 필요하다. 명의신탁약정서, 명의신탁확인서 등 서류만으로 입증이 부족할 때, 차명주주에게 지급한 배당금을 신탁자가 되돌려 받은 금융자료가 있다면 구체적인 입증자료가 될 수 있다. 이를 실무상 명의신탁확인 배당이라고 한다. 명의신탁을 해지하고자 하는 경우라면 고려할 수 있다.

05
자기주식취득

자기주식을 통한 주식의 양도라고 하는 것은, 상법 제 341조에 명기된 '자기주식의 취득'에 대한 내용이다. 회사가 자기가 발행한 주식(주주가 취득한 주식)을, 회사의 여러 가지 상황을 고려한 목적(보유, 양도, 소각 등)에 따라 취득하고자 각 주주에게 그 의사를 표할 때 주주는 보유한 주식을 파는 것을 말한다.

🔍 자기주식 취득의 법적 근거

2011년 4월 12일 상법 제 341조의 개정으로 비상장회사도 2012년 4월 15일부터 자기주식 취득을 할 수 있게 되었다. 법 개정 전에는 자기주식 취득으로 일부 주주를 선정하여 자기주식을 매입하면 출자금을 반환하는 것과 같은 실질적 이익을 주고, 회사 내부자의 주가조작을 위한 투기거래가 악용될 우려가 있어 엄격히 규제하였다.

이러한 상법과 달리 '자본시장 및 금융투자업에 관한 법률'에서는 상장법인은 배당가능이익의 범위에서 자기주식을 취득하는 것을 허용하고 있었다. 이에 상법의 개정으로 비상장회사도 자기주식 취득을 상법의 요건에 충족하는 경우에는 가능하게 되었다.

🔍 자기주식 취득 3가지 요건

회사가 자기주식을 취득하기 위해서는 주주평등의 원칙, 공정성의 원칙을 상법상 절차와 요건에 따라 실행하여야 한다.

요건 1: 주주 평등의 원칙

주주 평등이란 각 주주가 가진 주식 수에 따라 균등한 조건으로 취득하는 것을 말한다. 여기서 균등하게 취득하는 것이란 모든 주주가 가진 주식을 공평하게 나누어서 취득하는 것이 아니라 회사는 모든 주주에게 자기주식 취득의 통지 또는 공고를 하는 조건을 만들어 주어야 한다는 것이다.

통지를 받고도 양도하지 않고 보유하고자 하는 주주는 계속 보유하고, 양도를 원하는 주주의 주식은 취득하는 것이 주주 평등의 원칙이다.

요건 2: 공정성의 원칙

공정성이란 배당가능이익의 범위 내에서 자기주식을 취득하는 것을 말한다. 배당가능이익이란 직전 결산기의 대차대조표상의 순 자산에서 자본금의 액, 그 결산기까지 적립된 자본준비금과 이익준비금의 합계액, 그 결산기에 적립해야 할 이익준비금의 액, 미 실현이익을 뺀 금액을 말한다.

요건 3: 상법상 정하는 절차와 요건

절차는 주주총회 소집을 위한 이사회 실시, 주주총회 소집통지 발송, 주주총회 결의, 이사회 결의, 주주에게 서면통지 및 공시, 주주의 양도신청 접수, 주식 취득 계약, 서류 비치의 순서로 이루어져야 한다. 하나의 흠결이 있다면 인정받지 못할 수 있다. 상법 시행령 제 10조에 '자기주식 취득의 방법'이 나타나 있다.

🔍 자기주식 취득의 방법

자기주식 취득의 방법은 상법 시행령 10조에 자세히 나타나 있다. 이사회에서 결의하고 각 주주에게 통보하고, 양도하려는 주주는 회사에 서면으로 주식 양도를 신청하고 그에 따라 회사와 주주는 양도계약을 맺는 순서로 한다.

> **상법 시행령 제 10조(자기주식 취득의 방법)**
>
> 1. 이사회 결의
> 가. 자기주식 취득의 목적
> 나. 취득할 주식의 종류 및 수
> 다. 주식 1주를 취득하는 대가로 교부할 금전 등
> 라. 주식 취득을 대가로 교부할 금전 등의 총액
> 마. 20일 이상 60일 내 주식 양도를 신청할 수 있는 기간
> 바. 양도신청이 끝나는 날부터 1개월의 범위에서 양도의 대가로 금전 등을 교부하는 시기와 그 밖에 주식 취득의 조건
> 2. 회사는 양도신청 기간이 시작하는 날의 2주 전까지 각 주주에게 회사의 재무현황, 자기주식 보유현황 및 제1호의 내용을 서면 또는 각 주주의 동의를 받아 전자문서로 통보
> 3. 회사에 주식을 양도하려는 주주는 양도신청 기간이 끝나는 날까지 양도하려는 주식의 종류와 수를 적은 서면으로 주식양도를 신청
> 4. 주주가 주식 양도를 신청하는 경우 계약의 성립 시기는 양도신청 기간이 끝나는 날로 정한다. 만약, 주주가 신청한 주식의 총수가 회사가 취득하고자 하는 주식의 총수를 초과하는 경우 계약 성립의 범위는 취득할 주식의 총수를 신청한 주식의 총수로 나누어 정한다.

🔍 자기주식 취득 프로세스 사례

총 9단계에 따라 자본금 1억 원 (액면가 10,000원, 보통주 10,000주) 회사의 자사주 취득 사례를 통해 전체적인 흐름을 살펴본다. 당 회사는 1인 주주가 발행주식 100%를 보유하고 있는 3인의 이사가 운영하는 회사다.

1단계: 이사회에서 사전계획을 수립(2024.06.14.)

당 회사의 이사회에서는 투자자 유치에 필요한 주식 1,000주를 유상증자가 아닌 기존 주주가 보유하고 있는 주식으로 대가를 지급하는 것이 좋다고 판단하여 그에 따라 사전적으로 회사가 각 주주가 가진 주식을 매입하는 것에 대하여 사전계획을 수립하였다.

2단계: 주주총회 소집을 위한 이사회(2024.06.29.)

이사회를 소집하여 이사 3명이 참석하여 2024년 7월 10일 오전 10시에 '투자자 유치를 위한 자사주 취득'을 안건으로 한 주주총회를 개최하는 것을 이사회에서 결의하고 이사회의사록을 작성한다.

3단계: 주주총회 소집통지서 발송(2024.06.29.)

이사회에서 의안으로 채택한 '투자자 유치를 위한 자사주 취득'이란 안건으로 2024년 7월 10일 오전 10시에 주주총회를 개최하는 내용의 주주총회 소집통지서를 발송한다. 당 회사는 자본금이 10억 원 미만이므로 주주총회 소집 10일 전에 발송한다.

4단계: 주주총회의 결의(2024.07.10.)
· 취득할 수 있는 주식의 종류 및 수:
  발행주식 총수의 10%, 보통주식 1,000주 이내
· 취득할 가액의 총액 한도:
  금 일억 원(100,000,000원)
· 취득하고자 하는 기간:
  금일로부터 3개월 이내
· 기타 자기주식 취득에 관한 구체적인 사항은 취득을 결정하는 시점의 이사회 결의에 따른다.

5단계: 이사회를 개최(2024.07.10.)
· 자기주식 취득의 목적:
  자금 조달의 원활화(투자자 배정)
· 취득할 주식의 종류 및 수:
  보통주식 1,000주 이내
· 자기주식취득의 방법:
  주주들의 균등매입을 원칙으로 한 주식양도신청
· 취득하고자 하는 주식의 대가로 교부할 금전의 재원:
  상법 제462조 제1항 1호~4호 금액을 제외한 금액 중 일부(자기주식매입통지서 참조)
· 취득하고자 하는 주식의 가격 산정기준:
  2024년 6월 말 가결산을 기준으로 상속증여세법에 의한 보충적 평가(별첨, 주당 취득가액 산정내역서)

- 주식 1주를 취득하는 대가로 교부할 금전:
  1주의 취득가액은 금 십만 원(100,000원)
- 주식 취득 대가로 교부할 금전 등의 총액:
  금 일억 원 정(100,000,000원)
- 양도신청 기간:
  2024년 7월 20일~2024년 8월 19일(신청 기간 30일)
- 계약의 성립시기:
  2024년 8월 20일~2024년 8월 24일(5일)
- 취득 대가의 교부 시기:
  주식매매 계약일로부터 30일 이내 지급
- 취득 전 자기주식의 보유현황:
  없음
- 기타사항:
  당 회사의 자기주식 취득에 관한 모든 절차 및 시행은 상법 제341조 및 상법 시행령 제10조, 정관 제13조~제17조를 준용한다.

6단계: 주주에게 서면통지 및 공시

이사회에서 결정된 내용을 정리하여 통지한다. 별첨하여 다음의 내용을 첨부하여 서면으로 작성하여 등기우편으로 발송한다.
- 주당 취득가액 산정 내역서
- 재무상태표
- 주식 양도신청서
- 통지서 수령확인서

7단계: 주주의 양도신청 접수(2024.7.10)

주주가 보내온 주식 양도신청서 내용 중 현재 보유주식 수와 양도를 신청한 주식의 수가 맞는지 확인하여 내용에 틀림이 없으면 신청서를 접수한다.

8단계: 주식 취득에 대한 양도계약서를 작성(2024.8.24)

계약서에 주식의 계약 및 인도 일시와 인도 장소 및 대금을 얼마로 정하고 언제 지급할지, 양수하는 법인과 양도하는 주주가 확인 후 기명날인하고 각각 1통씩 보관한다.

9단계: 서류를 비치하여 보관(2024.8.24~)

자기주식을 취득한 회사는 지체없이 취득내용을 적은 자기주식 취득내역서를 언제든지 열람, 등본 사본의 교부 청구가 가능하도록 본점에 6개월간 비치하여야 한다.

🔍 자기주식으로 과점주주가 된 경우

회사가 자기주식을 취득하게 되면 나머지 주주들 사이에 지분율의 변화가 생긴다. 특히 소각 등을 통하여 회사가 보유하고 있던 주식이 없어지게 되면 과점주주가 아니었던 주주가 과점주주가 될 수도 있다. 과점주주는 제2차 납세의무와 간주취득세 납부의무가 발생한다. 이때 이렇게 타의에 의해 과점주주가 된 경우 간주취득세 납부의무에 대한 의문이 생긴다. 2010년 대법원에서 회사가 자기주식을 취득하여 그 지분 비율이 증가하여 과점주주가 된 주주는 '주식을 취득하여 과점주주가 된 때'에 해당하지 않으므로 간주취득세를 내지 않아도 된다고 판결하였다.

🔍 자기주식 관련 쟁점 사항 5가지

쟁점 1: 자기주식의 취득이 위법한 경우에는 해당 법인에서 주식 취득 대가로 지급한 금액은 업무 무관 가지급금이 되어 개인주주는 가지급금 인정이자를 내야 한다.

쟁점 2: 소각목적의 취득인 경우, 매도한 개인주주는 의제배당으로 소득세를 내야 한다.

쟁점 3: 매매목적의 취득인 경우, 매도한 개인주주는 양도소득세와 증권거래세를 내야 한다.

쟁점 4: 고가로 취득하는 경우에는 해당 법인은 시가로 취득한 것으로 보아 시가 초과액은 배당으로 익금산입하고, 개인주주는 배당으로 소득 처분된 금액에 대한 소득세를 내야 한다.

쟁점 5: 저가로 취득하는 경우에는 해당 법인은 저가 매입 시 시가와의 차액을 익금으로 산입하고, 개인주주는 양도소득세 부당행위계산 부인으로 추가적인 세금을 내야 한다.

🔍 자기주식 취득의 활용방법 3가지

활용 1: 법인자금을 저율의 적은 소득세를 내고 가져갈 수 있다. 오너 CEO가 급여, 상여, 배당으로 법인자금을 가져가는 것과 비교하면 많은 소득세를 절세할 수 있다.

활용 2: 가지급금을 해결할 수 있다. 거액의 가지급금을 해결하기 위해서는 많은 세금부담이 발생한다. 자기주식을 활용하여 가지급금을 정리하면 20~25%(배당소득이 아닌 양도소득인 경우)의 세금만 부담하면 된다. 다만, 상법상 요건은 반드시 충족되어야 한다.

활용 3: 차명주식을 회수하는 방법으로 활용할 수 있다. 오랜 시간이 흘러 명의신탁했음을 입증하기 힘든 경우 자기주식 취득을 활용하는 것도 고려해 볼 수 있다.

8부

경영인 정기보험

01 순수보장성 정기보험의 구조

02 종신보험과 정기보험 비교

03 경영인 정기보험의 장점 5가지

04 보험료 비용처리에 대한 쟁점

01
순수보장성 정기보험의 구조

보장성보험은 만기 시 또는 유지 기간 중 해약할 때에 해약 환급금을 한 푼도 받지 못하는 순수보장성 보험과 만기 시 가입자의 납입 보험료를 전액 돌려주는 만기환급금 보험이 있다. 경영인 정기보험은 해약 시에는 일정액의 환급금이 발생하지만, 만기에는 돌려받는 돈이 없는 순수보장성 보험이다.

🔭 경영인 정기보험과 연금보험의 비교

경영인 정기보험을 통한 CEO플랜은 원칙적으로 연금보험을 통한 CEO플랜과 세법상 내용(퇴직금 수령에 따른 세금)이 같다. 다만, 회계 처리와 세법상 손금 인정 방식에 차이가 있다. 연금보험을 통한 CEO플랜은 보험료 납입 시 비용처리 효과가 없지만, 대표이사 등의 퇴사로 보험계약의 계약자를 변경하거나, 해약할 경우 고액의 퇴직금 지급으로 당해 법인의 당기순이익을 대폭 감소시킨다. 당기순이익의 급감은 금융기관의 평가, 외부투자자의 자금유치 등 다양한 분야에서 부정적인 영향을 미친다.

반면 경영인 정기보험을 통한 CEO플랜은 매년 보험료 납입 시 보험료는 비용(손금)처리 한다. 이렇게 비용 처리한 금액은 향후 보험을 해약 또는 보험금을 수령 할 때 보험차익이 되므로 대표이사 등의 퇴사로 보험계약의 계약자 변경을 할 경우, 보험료로 비용 처리한 만큼 보험차익을 더 계상하므로, 당해 법인의 당기순이익이 감소되지 않는다. 기업승계전략을 제외한 나머지 분면에서는 효과적인 경영전략이 될 수 있다.

🔭 계약자는 법인, 피보험자와 수익자는 임직원

소득세법 시행령 제38조에 '법인이 계약자이고 피보험자와 수익자가 대표로 하여 정기보험에 가입하고 보험료를 납부하면 동 금액은 대표의 급여로 보아 근로소득세를 원천징수한다. 다만, 종업원의 사망, 상해 또는 질병을 보험금의 지급 사유로 하고 종업원을 피보험자와 수익자로 하는 보험으로서 만기에 납입 보험료를 환급하지 않는 보험(단체순수보장성보험)과 만기에 납입 보험료를 초과하지 아니하는 범위 안에서 환급하는 보험(단체환급부보장성보험)의 보험료 중 연 70만 원 이하의 금액은 근로소득으로 보지 않는다.'라고 규정하고 있다. 다만, 연간 70만 원을 초과하는 부분은 당해 근로자의 근로소득으로 보아 원천징수해야 한다.

보험사고가 발생하여 보험금이 발생하면 보험금 수령권은 임직원에게 있으므로 당해 법인은 회계 처리할 것이 없다. 또한, 임직원의 급여로 보험금을 납부한 것이기 때문에, 명의상 보험 계약자가 법인이지만 경제적 실질은 임직원이 보험 계약자이므로 세법상 과세 문제는 발생하지 않는다.

👀 계약자와 수익자는 법인, 피보험자는 임직원

임직원을 피보험자로 하고, 계약자와 수익자를 법인으로 하는 정기보험에 가입한 경우에는 법인이 납입한 보험료 중 만기환급금에 상당하는 보험료는 자산으로 계상하고, 기타의 부분은 이를 보험기간의 경과에 따라 손금에 산입한다(기획재정부법인-306, 2015.4.20.). 따라서 정기보험이 순수보장성인 경우에는 보험료 불입액 전액을 비용(손금)으로 처리하고 일부 환급형인 경우에는 보험료 불입액 중 만기환급금 비율에 해당하는 부분은 자산(보험 예치금)으로 처리하고 그 외의 부분은 비용(손금)으로 처리한다. 만약 만기환급률이 100% 이상인 정기보험은 당해 보험금 전액을 자산(보험 예치금)으로 처리한다.

정기보험이 순수보장성인 경우, 보험금 또는 해약환급금을 수령하는 경우에는 당해 금액 전액을 보험차익으로 수익(익금)처리한다. 일부 환급형과 만기환급률이 100%를 초과하는 보험의 경우에는 자산으로 처리한 금액을 초과하는 부분은 보험차익으로 수익(익금)으로 처리하고, 미달하는 부분은 보험 차손으로 비용(손금)으로 처리한다.

🔭 정기보험으로 수령 하는 사망보험금의 과세

보험 계약자와 수익자가 법인이고 피보험자가 근로자인 경우, 법인이 수령한 보장성 보험금을 근로자나 그 유족에게 지급하는 경우의 과세는 업무와 관련한 부상 또는 사망인지, 업무와 무관한 것인지에 따라 과세를 달리한다. 업무와 관련하여 부상이나 사망으로 보험금을 지급하는 경우 소득세법상 비과세로 처리하며 유족이 상속세를 신고할 때, 이렇게 받은 보험금은 상속재산에 포함하지 않고 비과세로 처리된다.

그러나 업무와 무관한 부상이나 사망으로 보험금을 지급하는 경우 사회 통념상 인정되는 범위 내의 치료비, 경조사비 등은 복리후생비로 처리하지만, 그 외 금액은 소득세법상 근로소득 또는 퇴직소득으로 처리하여 원천징수 후 남는 금액을 지급한다.

참고) 임원의 근로자성 판단

소득세법 제12조 3호 다목, 라목에 산업재해보상보험법에서 적용하는 근로자의 지위에 임원을 포함하고 있음.

🔎 계약자 변경 시 과세문제

　계약자를 법인에서 임직원으로 변경할 경우, 변경 시점에 당해 임직원의 급여 또는 퇴직소득으로 본다. 즉 당해 보험증서 평가액 중 연봉에 포함되는 부분을 현물로 지급하는 경우에는 상여금·퇴직금으로 보지만 연봉계약서에 명시된 급여 외의 부분은 세법상 근로소득으로 본다(기획재정부 소득-108, 2011.3.29.).

　보험의 평가는 계약자 변경일을 기준으로 보험료 불입누적액에 이자 상당액을 가산한 금액(중도인출금이 있는 경우, 당해 인출금을 차감한 금액)으로 한다(서일46014-10284, 2003.3.7.). 당해 종업원이 퇴사한 경우에는 계약자 변경이나 보험을 해지해야 한다. 만약 해지하지 않으면 불입한 보험료 중 손금에 해당하는 부분은 업무무관경비로 보아 손금 불산입한다.

02
종신보험과 정기보험 비교

　임직원을 피보험자로 하고, 계약자와 수익자를 법인으로 하는 정기보험에 가입한 경우와 종신보험에 가입한 경우를 비교하여 살펴보면 보험료의 회계 처리방법에 대하여 명확히 알 수 있다.

🔍 종신보험 보험료 납입 시 과세문제

임직원을 피보험자로 하고, 계약자와 수익자를 법인으로 하는 종신보험에 가입한 경우, 법인이 납입한 보험료 중 만기환급금에 상당하는 보험료는 자산으로 계상하고, 기타의 부분은 이를 보험기간의 경과에 따라 손금에 산입한다(서면2팀-1631, 2003.8.28.)라고 함에 따라 종신보험의 보험료 불입액은 전액 자산으로 처리해야 한다. 종신보험은 피보험자가 사망할 때 보험금을 지급하는 상품이다. 피보험자의 사망일이 만기가 되는 것이다. 따라서 종신보험의 만기환급금은 사망보험금이 된다. 종신보험의 만기환급금(사망보험금)은 언제나 납입한 보험료보다 크기 때문에 전액 자산처리 해야 한다.

2016.8.28.일 이전의 예규에서는 임원을 피보험자로 하는 경우 업무무관경비로 보아 손금불산입하였으나 이후 예규들(서면2팀-1631, 서면2팀-826, 서면2팀-695)은 종전의 입장을 바꾸어서 피보험자가 임직원이면 만기환급금에 상당하는 보험료는 자산으로 계상하고, 기타의 부분은 비용 처리하는 것으로 바꾸었다.

🔍 종신보험 보험금 수령 시 과세문제

보험사고가 발생하면 보험금 수령권은 법인에게 있다. 법인은 보험료 중 자산(보험 예치금)으로 계상한 금액을 초과하는 부분은 보험차익으로, 미달하는 부분은 보험 차손으로 회계처리한다. 보험금을 해당 임직원의 유가족에게 지급하는 경우에는 임직원의 급여(사회 통념상 인정되는 범위 내의 치료비, 경조사비 등은 복리후생비로 봄)로 보지만, 지급 사유가 다음에 해당하면 소득세와 상속세를 부과하지 않는다.

> **소득세법 제12조 3호 다목, 라목 [소득세 비과세]**
> ① 산업재해보상법에 의한 요양·휴업·장해·유족급여 및 장의비 또는 근로의 제공으로 인한 부상·질병 또는 사망과 관련하여 근로자(임원 포함, 소득 22601-3419, 1985.11.15.)나 그 유족이 지급받는 배상·보상 또는 위자료의 성질이 있는 급여
> ② 근로기준법, 선원법에 의한 요양·휴업·상병·일시·장해·유족·행방불명 보상금, 장의비 및 장제비

> **상속증여세법 제10조 [상속세 비과세]**
> ① 산업재해보상법에 의해 지급되는 유족연금·유족연금부가금·유족연금일시금·유족일시금 또는 유족특별급여
> ② 근로자의 업무상 사망으로 인하여 근로기준법 등을 준용하여 사업자가 당해 근로자의 유족에게 지급하는 유족보상금 또는 재해보상금과 기타 이와 유사한 것

🔎 정기보험 보험료 납입 시 과세문제

임직원을 피보험자로 하고, 계약자와 수익자를 법인으로 하는 정기보험에 가입한 경우, 법인이 납입한 보험료 중 만기환급금에 상당하는 보험료는 자산으로 계상하고, 기타의 부분은 이를 보험기간의 경과에 따라 손금에 산입한다(기획재정부법인-306,2015.4.20.) 따라서 정기보험이 순수보장성인 경우, 보험료 불입액 전액을 비용(손금)으로 처리한다.

🔭 정기보험 보험금 수령 시 과세문제

정기보험이 순수보장성인 경우, 보험금 또는 해약환급금은 당해 금액 전액을 보험차익으로 수익(익금)으로 처리한다. 보험금을 해당 임직원의 유가족에게 지급하는 경우에는 임직원의 급여(사회 통념상 인정되는 범위 내의 치료비, 경조사비 등은 복리후생비로 봄)로 보지만, 지급 사유가 『소득세법 제12조 3호 다목, 라목』과 『상속증여세법 제10조』에 해당되면 소득세와 상속세가 비과세된다. 다만, 업무와 무관한 부상, 사망의 경우 유가족에게 지급하는 보험금은 소득세법상 근로소득 또는 퇴직소득(사회 통념상 인정되는 범위 내의 치료비, 경조사비 등은 복리후생비로 봄)이고 상증법상 상속재산에 포함한다.

🔭 종신보험의 회계처리

종신보험 가입 후 매년 보험료 100만 원씩 납입하는 경우, 매년 보험료가 나갔으므로 대변에 현금 100만 원을 기재하고 그에 상응하는 보험 예치금이란 자산이 생겼으므로 차변에 보험 예치금 100만 원으로 분개한다. 그 후 보험금 수령(사망보험금), 중도해지, 종업원 유가족에게 보험금을 지급할 때 다음과 같이 분개를 한다.

① 사망으로 보험금 1,000만 원을 받으면 [(차) 현금 1,000만 원 / (대) 보험 예치금 400만 원, 보험차익 600만 원]으로,
② 중도 해지하여 환급금을 300만 원 받으면 [(차) 현금 300만 원, 보험차손 100만 원 / (대) 보험 예치금 400만 원]으로,

③ 법인이 사망보험금으로 받는 1,000만 원을 유가족에게 지급하면 [(차) 급여(비과세) 1,000만 원 / (대) 현금 1,000만 원]으로 분개하여 회계처리한다.

참고) 분개에 따른 회계처리

상황	회계 처리 (단위: 만원)
1회 납입	(차) 보험 예치금 100 / (대) 현금 100
2회 납입	(차) 보험 예치금 100 / (대) 현금 100
3회 납입	(차) 보험 예치금 100 / (대) 현금 100
4회 납입	(차) 보험 예치금 100 / (대) 현금 100
① 보험금 수령 (사망보험금)	(차) 현금 1,000 / (대) 보험 예치금 400 　　　　　　　　　보험차익 600
② 중도해지	(차) 현금 300　 / (대) 보험 예치금 400 　　보험차손 100
③ 보험금 지급 (유가족)	(차) 급여(비과세) 1,000 / (대) 현금 1,000

🔭 정기보험의 회계처리

정기보험 가입 후 매년 보험료 100만 원씩 납입하는 경우, 매년 보험료가 나갔으므로 대변에 현금 100만 원을 기재하고 차변에는 나간 돈이 보험료라는 비용에 해당하므로 보험료 100만 원으로 분개를 한다. 그 후 보험금 수령(사망보험금), 중도해지, 종업원 유가족에게 보험금을 지급, 퇴직금 명목으로 계약자 변경을 할 때 다음과 같이 분개를 한다.

① 사망으로 보험금 1,000만 원을 받으면 [(차) 현금 1,000만 원 / (대) 보험차익 1,000만 원]으로,
② 중도 해지하여 환급금을 300만 원 받으면 [(차) 현금 300만 원/(대) 보험차익 300만 원]으로,
③ 법인이 사망보험금으로 받는 1,000만 원을 유가족에게 지급하면 [(차) 급여(비과세) 1,000만 원 / (대) 현금 1,000만 원]으로,
④ 해약환급금 300만 원을 임원의 퇴직금으로 지급하면 [(차) 퇴직금 300 / (대) 보험차익 300]으로 분개 후 회계처리한다.

분개에 따른 회계처리

상황	회계 처리 (단위: 만원)
1회 납입	(차) 보험료 100 / (대) 현금 100
2회 납입	(차) 보험료 100 / (대) 현금 100
3회 납입	(차) 보험료 100 / (대) 현금 100
4회 납입	(차) 보험료 100 / (대) 현금 100
①보험금 수령 (사망보험금)	(차) 현금 1,000 / (대) 보험차익 1,000
②중도해지	(차) 현금 300 / (대) 보험차익 300
③보험금 지급 (유가족)	(차) 급여(비과세) 1,000 / (대) 현금 1,000
④계약자 변경 (퇴직금 지급)	(차) 급여(퇴직금) 300 / 보험차익 300

🔍 정기보험과 종신보험의 세법에 따른 손익의 차이

정기보험은 만기환급금이 없으므로 당해 법인이 납입한 보험료 전액을 손금으로 처리하고, 보험사고(해약, 사망)가 발생한 경우에는 보험금 전액을 익금인 보험차익으로 처리한다. 반면 종신보험은 전액 자산(보험 예치금)으로 처리하고, 보험사고(해약, 사망)가 발생한 경우에는 보험금 중 보험 예치금을 제외한 금액만 익금인 보험차익으로 처리한다.

	정기보험	종신보험
1회 납입	(차) 보험료 100 (대) 현금 100	(차) 보험예치금 100 (대) 현금 100
2회 납입	(차) 보험료 100 (대) 현금 100	(차) 보험예치금 100 (대) 현금 100
3회 납입	(차) 보험료 100 (대) 현금 100	(차) 보험예치금 100 (대) 현금 100
4회 납입	(차) 보험료 100 (대) 현금 100	(차) 보험예치금 100 (대) 현금 100
보험사고	(차) 현금 1,000 (대) 보험차익 1,000	(차) 현금 1,000 (대) 보험예치금 400 　　　보험차익 600
익금·손금 합계	익금 600 (손금400, 익금1,000)	익금 600 (손금 0, 익금 600)

정기보험의 비용(보험료)으로 처리하던지, 종신보험의 자산(보험예치금)으로 처리하던지 보험사고에 따른 익금은 600만 원으로 동일하다.

03

경영인 정기보험의 장점 5가지

경영인 정기보험을 가입하는 법인은 법인세 절세, 회사의 재무적 위험에 대한 대비, 퇴직금 지급 재원을 준비, 퇴직금 지급에 따른 재무구조 개선에 대한 대비가 된다. 피보험자의 사망에 따른 보험금은 유가족의 생활 보장, 수령하는 퇴직금은 소득세 절세효과가 있다.

🔭 **첫번째 장점은 목돈을 준비할 수 있다.**

법인의 오너 CEO는 다양한 방법으로 법인의 이익을 가져갈 수 있다. 급여, 상여, 배당, 퇴직금 등 다양한 방법이 있다. 이러한 다양한 방법을 선택할 때 고려할 사항이 있다. 그것은 지급에 따른 세금과 목적한 시점에 필요한 해당 자금이 있는지 확인하는 것이다. 다양한 방법 중 세금을 고려한다면 퇴직금이 좋은 절세방법이다. 타 소득과 비교하여 최소 50% 이상의 절세효과가 있다. 하지만 은퇴하는 시점에 지급해야 할 금액이 준비되어 있지 못하면 퇴직금을 통한 소득세 절세가 불가능하다. 퇴직 시 지급하는 퇴직금이 퇴직소득으로 인정받기 위해서는 일시금으로 지급해야 한다. 지급해야 할 퇴직금이 부족하여 분할로 지급한다면 퇴직소득으로 인정받지 못한다.

CEO 정기보험에 가입하여 납입하는 보험료는 매년 비용(손금)으로 처리하면서 목돈을 쌓아 가는 구조이다. 퇴직하는 시점에 보험을 해약 또는 계약자 변경을 하여 거액의 목돈을 수령 할 수 있다. 받은 돈은 퇴직소득으로 인정받아 적은 세금만 내면 된다. 최상의 절세방법이다.

🔭 **두번째 장점은 회사 위험에 대한 대비를 할 수 있다.**

중소기업의 CEO는 회사의 영업, 구매, 인사관리, 자금 조달 등 거의 모든 부분을 책임지고 있다. CEO 1인에게 절대적으로 의존하여 회사가 운영된다. 만약 CEO가 사망하면 그 회사는 온전히 운영될 수 없다. 자금을 빌려준 상대방은 자금 회수를 요구하고, 매입

처의 재료 공급은 제한되어 지속적인 생산에 차질이 생겨 매출처가 원하는 시점에 제품을 공급하지 못한다. 받아야 할 돈은 들어오지 않고 지급해야 할 돈은 급하게 마련하려고 하면 자금의 동맥경화가 생긴다. CEO 정기보험은 대표의 유고 시 거액의 보험금이 회사로 지급되므로 이러한 위험에 대한 대비가 된다.

🔭 세번째 장점은 유가족 보호가 가능하다.

법인의 CEO는 한 가정의 가장이다. 가장의 사망은 남은 유가족에게는 슬픔과 함께 경제적 압박으로 다가온다. 부자 회사에 가난한 CEO인 경우가 많다. 더군다나 CEO 재산의 대부분은 본인이 운영하는 회사의 주식일 것이다. 향후 상속세 신고를 통한 세금을 내야 할 경우, 낼 세금은 많은데 실제 현금화가 가능한 재산은 없어 곤란을 겪는 경우가 많다.

이러한 위험에 대비할 필요한 보장자산(사망 보장)을 중소기업 CEO가 받는 급여만으로 준비하기에는 무리가 따른다. 계약자와 수익자를 법인으로 하여 CEO 보장자산을 준비한다면 예기치 못한 위험에 대비할 수 있다. 법인이 받는 사망보험금을 유족에게 보상금으로 지급하던지, 고인의 상속재산인 주식을 매입(자사주 실행 등)하는 자금으로 사용한다면 사랑하는 가족들은 상속세 납부, 생활비, 교육비 등에 사용할 수 있다.

🔎 네번째 장점은 법인세를 절세할 수 있다.

법인세는 각 사업연도 소득을 과세표준으로 하여 세율을 곱하여 계산한다. 각 사업연도 소득을 낮추어야 법인세를 절세할 수 있을 것이다. 즉, 손금에 해당하는 적격비용이 많아야 한다. 손금이란 법인세법 19조에 '법인이 순자산을 감소시키는 거래로 인하여 발생하는 손실 또는 비용의 금액'이라고 규정하고 있다. 즉 나간 돈을 말한다. 이런 손금을 이루는 가장 큰 금액이 인건비를 포함하고 있는 판매관리비 항목이다. 인건비 비용을 증가시키면 법인세를 줄일 수 있다. 그런데 임원에게 높은 임금을 지급하면 높은 소득세(최고 49.5%)를 부담해야 하므로 다소 무리가 있다.

이때 좋은 방법이 향후 대표이사가 받아갈 퇴직금을 퇴직연금에 가입하는 것이다. 퇴직연금에 납입하는 보험료는 판매관리비 항목에 보험료로 전액 비용처리가 가능하므로 매달 향후 대표이사가 받아갈 퇴직금을 염두에 두고 퇴직연금에 일정액을 납입한다면 좋은 전략이 될 수 있다. 하지만 이러한 퇴직연금은 회사의 경영 위기 등으로 자금이 필요한 경우, 가져다 쓸 수 없다. 유동성이 극히 제한된다. 그러나 CEO 정기보험은 퇴직연금의 단점인 유동성을 극복하면서, 퇴직연금과 마찬가지로 납입하는 보험료가 전액 비용(손금)으로 처리되어 법인세를 줄이는 절세효과가 있다.

	퇴직연금	CEO 정기보험
절세효과	비용(손금)처리 가능	
유동성	극히 제한	중도인출, 약관대출
퇴직금	小	大

🔎 다섯번째, 퇴직금 지급시 재무구조를 개선할 수 있다.

법인 CEO는 근로자와 달리 거액의 퇴직금을 수령 할 수 있다. 법인세법은 부당행위계산 부인만 아니면 정관에서 정한 만큼 가져올 수 있다. 주주이면서 임원인 오너 CEO는 조건을 맞춘다면 퇴직금을 많이 가져올 수 있다. 적은 세금으로 법인자금을 개인소득으로 가져올 수 있는 좋은 전략이다. 하지만 갑작스럽게 거액의 퇴직금을 지급하면 당해 판매관리비가 급격하게 증가하면서 당기순이익을 급감시킨다. 보통의 경우 결손이 생긴다. 손익계산서에 당기순이익이 순손실로 바뀌어 결손이 나면 자금을 대여해준 금융기관, 거래하고 있는 상대방, 과세관청, 내부 직원 등으로부터 좋지 않은 평가를 받게 되어 경영활동에 많은 제약이 따른다.

그러나 CEO 정기보험에 가입하여 매년 일정한 보험료를 비용(손금)으로 처리하면서 적립하고 CEO가 퇴직할 때 퇴직금으로 해약 또는 계약자 변경을 통하여 지급한다면 손익계산서에 아무런 영향을 미치지 않아 재무구조를 개선시킨다.

사례학습) 매년 이익이 5억 원 발생하여 법인세 9,000만 원을 내는 법인에서 대표이사의 퇴직으로 퇴직금 10억 원을 지급한다고 가정할 때 두 가지 사례(회사가 보유한 자금으로 지급하는 경우와 CEO 정기보험에 가입하여 지급하는 경우)에 어떤 차이가 있는지 살펴보자.

case 1: 회사가 보유한 자금으로 퇴직금 10억 원 지급

	1기	2기	3기	4기		10기
매출	30억	30억	30억	30억		30억
비용	25억	25억	25억	25억		25억 10억(퇴직금)
이익	5억	5억	5억	5억		-5억
법인세	0.9억	0.9억	0.9억	0.9억		0

매년 매출이 30억 원이고 비용이 25억 원인 경우 당기순이익은 5억 원 발생하고 그에 따른 법인세는 9천만 원이다. 매년 반복적으로 이렇게 진행하다가 10년 차에 퇴직금 10억 원을 받으면 당해 비용은 35억 원으로 당기순손실이 5억 원이 발생하여 결손이 된다.

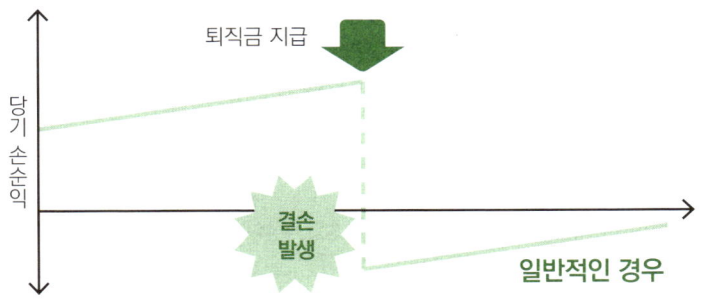

퇴직금을 지급하는 10년 차에 결손이 발생하여 금융기관, 과세당국 등 다양한 이해관계자들에게 부정적으로 보여 회사 평가에 나쁜 영향을 미친다.

case 2: CEO 정기보험에 가입하여 퇴직금 10억 원 지급

	1기	2기		10기
매출	30억	30억		30억
비용	25억 1억(보험료)	25억 1억(보험료)		25억 1억(보험료)
이익	4억	4억		4억
법인세	0.7억	0.7억		0.7억

매년 매출이 30억 원이고 비용이 25억 원이고 CEO 정기보험의 보험료가 1억 원인 경우 매년 비용은 26억 원으로 당기순이익은 4억 원이 발생한다. 그에 대한 법인세는 7천만 원이다. 10년 차에 퇴직금 10억 원을 받으면 가입했던 보험을 해약 혹은 계약자 변경을 통해서 가져가면 된다.

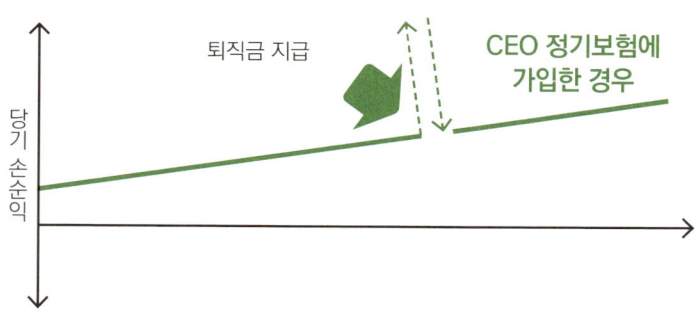

퇴직금을 지급하는 10년 차에 보험의 해약으로 보험차익이 발생하지만 당해 퇴직금을 지급한다면 비용(손금)으로 처리되어 손익계산서에 아무런 영향도 미치지 않는다.

04
보험료 비용처리에 대한 쟁점

경영인 정기보험에 가입하여 매달 납입하는 보험료의 비용(손금) 처리에 대한 논쟁에 대하여 정리하고자 한다. 많은 '예규'에서 "만기환급금에 상당하는 금액은 자산으로 계상하고 나머지는 손금에 산입하는 것"으로 명시적으로 확인시켜 주고 있다.

■ 법인세과-221 (2013.05.10.)

1. 질의내용(사실관계 및 질의 요지)

사실관계: 질의법인은 임원을 피보험자로 수익자를 법인으로 하는 20년 납 90세 만기 순수보장형 정기보험에 가입(상기 보험은 만기환급금이 없으며, 10년 납부하고 중도해약 시 납입 금액의 80%~100%의 해지 환급금을 받게 됨)

질의 요지: 임원을 피보험자로 수익자를 법인으로 보험에 가입한 경우 보험료의 세무처리

2. 회신

법인이 피보험자를 임원(대표이사 포함) 또는 종업원으로, 수익자를 법인으로 하여 보장성 보험과 저축성 보험에 가입한 경우, 법인이 납입한 보험료 중 **만기환급금에 상당하는 보험료 상당액은 자산으로 계상하고, 기타의 부분은 이를 보험기간의 경과에 따라 손금에 산입**하는 것임.

3. 질의내용에 대한 자료
 - 관련 조세법령(법률, 시행령, 시행규칙 등)과 예규

법인세법 기본통칙 19-19····9 [장기 손해보험계약에 관련된 보험료의 손금산입 범위]

보험기간 만료 후에 만기 반환금을 지급하겠다는 뜻의 약정이 있는 손해보험에 대한 보험료를 지급한 경우에는 그 지급한 보험료액 가운데 적립보험료에 상당하는 부분의 금액은 자산으로 하고 기타 부분의 금액은 이를 기간의 경과에 따라 손금에 산입한다.

법인세법 제 19조 [손금의 범위]
① 손금은 자본 또는 출자의 환급, 잉여금의 처분 및 법에서 규정하는 것은 제외하고 해당 법인의 순자산을 감소시키는 거래로 인하여 발생하는 손비의 금액으로 한다.
② 제1항에 따른 손비는 이 법 및 다른 법률에서 달리 정하고 있는 것을 제외하고는 그 법인의 사업과 관련하여 발생하거나 지출된 손실 또는 비용으로서 일반적으로 인정되는 통상적인 것 또는 수익과 직접 관련된 것으로 한다.

서면 인터넷방문상담 2팀 – 1631, 2006.08.28.
법인이 피보험자를 임원(대표이사 포함) 또는 종업원으로, 수익자를 법인으로 하여 보장성보험과 저축성 보험에 가입한 경우, 납입한 보험료 중 만기환급금에 상당하는 보험료 상당액은 자산으로 계상하고 기타의 부분은 이를 보험기간의 경과에 따라 손금에 산입하는 것임.

법인세과 – 219(2013.05.09.)
귀 질의의 사실관계와 같이, 내국법인이 임원(대표이사 포함)을 피보험자로 계약자와 수익자를 법인으로 하는 보장성 보험에 가입한 경우, 법인이 납입한 보험료 중 만기환급금에 상당하는 보험료 상당액은 자산으로 계상하고, 기타의 부분은 이를 보험기간의 경과에 따라 손금에 산입하는 것입니다.

■ 서면-2014 -법인-22118 (2015.05.22.)

1. 질의내용

정년퇴직 기한이 별도로 정해져 있지 않은 경우, 임원을 피보험자로 하고, 법인을 보험계약자와 수익자로 하는 보장성 보험 상품에 가입하는 경우 매월 납입 보험료 전액을 납입한 사업연도의 손금에 산입 가능한지

2. 사실관계

- 당사는 법인 명의로 보험수익자가 법인이고 피보험자가 임원인 만기환급금이 없는 순수보장성 보험에 가입하였음.
- 보험 주요내용

  보험의 종류: 무배당 CEO 프리미엄 보험

  보험기간: 90세 만기(납입 기간: 90세 납)

  납입 보험료는 매월 1,050,000원

  보험계약자·수익자는 법인, 피보험자는 임원(주주인 임원)

  만기환급금 없음, 중도해지 환급금 있음
- 납입 보험료 및 중도해지 환급금 (단위: 백만 원)

경과연수	납입 보험료	중도해지 환급금	중도해지 환급률(%)
0~9년	납입 보험료 보다 중도해지 환급금이 적음		
10년	126	128	101.8
15년	189	212	112.2
20년	252	311	123.4
25년	315	427	135.6
30년	378	561	148.5
64년(만기)	806	0	0

3. 답변내용

귀 질의의 경우 임원을 피보험자로 법인을 수익자로 하는 보장성보험 보험료의 세무처리에 대한, 기존해석사례(국세청 법규법인 2013-397, 2013.10.24. 기획재정부 법인세제과-306, 2015.4.20.)를 참조하시기 바랍니다.

4. 관련 사례

> **국세청 법규법인 2013-397, 2013.10.24.**
>
> 내국법인이 임원(대표이사 포함)을 피보험자로 계약자와 수익자를 법인으로 하는 보장성 보험에 가입한 경우, 법인이 납입한 보험료 중 만기환급금에 상당하는 보험료 상당액은 자산으로 계상하고 기타의 부분은 이를 보험기간의 경과에 따라 손금에 산입하는 것이나, 귀 세법해석 사전답변 신청내용과 같이, 임원의 정년퇴직 후의 기간까지를 보험기간으로 하고 만기환급금이 없는 종신보험 상품을 계약한 내국법인이 피보험자인 임원의 정년퇴직 시점에는 고용 관계가 해제됨에 따라 해당 보험계약을 해지할 것으로 사회통념 및 건전한 상관행에 비추어 인정되는 경우에는 납입 보험료 중 **정년퇴직 시의 해약환급금에 상당하는 적립보험료 상당액은 자산**으로 계상하고, 기타의 부분은 손금에 산입하는 것이며, 정년퇴직 전에 피보험자인 임원이 퇴직하여 해약하는 경우로서 지급받는 해약환급금과 자산으로 계상된 적립보험료 상당액과의 차액은 해약일이 속하는 사업연도의 소득금액 계산 시 익금 또는 손금에 산입하는 것입니다.

> **기획재정부 법인세제과-306, 2015.4.20.**
> 내국법인이 퇴직기한이 정해지지 않아 퇴직 시점을 예상할 수 없는 임원(대표이사 포함)을 피보험자로, 법인을 계약자와 수익자로 하는 보장성 보험에 가입하여 **사전에 해지 환급금을 산정할 수 없는 경우**, 법인이 납입한 보험료 중 만기환급금에 상당하는 보험료 상당액은 자산으로 계상하고, 기타의 부분은 이를 보험기간의 경과에 따라 손금에 산입하는 것입니다.

5. 관련 법령
- 법인세법 제19조 [손금의 범위]
- 법인세법 시행령 제19조 [손비의 범위]
- 법인세법 기본통칙 19-19····8 [보험료의 손금산입 범위]
- 법인세법 기본통칙 19-19····9 [장기손해보험계약에 관련된 보험료의 손금산입 범위]
- 법인세법 기본통칙 19-19····11 [보험사고의 발생에 의한 적립보험료의 처리]

대법원 판례(2018.08.30.)

1심 결과 - 원고 승소(보험계약자)

[서울중앙지방법원 판결]
사건번호 : 2013가합86279
원고 : 보험계약자
피고 : P 생명보험사 & 설계사
판결선고 : 2015.8.21.
주문 : 피고들은 각자 원고에게 95,704,500원 및 이자를 지급하라

2심 결과 - 피고 승소(P 생명보험사)

[서울고등법원 판결]
사건번호 : 2014다 47797
원고 : 보험계약자
피고 : P 생명보험사 & 설계사
판결선고 : 2015.8.21.
주문 : 제1심 판결 중 피고들 패소 부분을 취소하고, 그 취소 부분에 해당하는 원고의 피고들에 대한 청구를 모두 기각한다.

3심 결과 - 피고 승소(P 생명보험사)

[대법원판결]
사건번호 : 2015다 56147
원고 : 보험계약자
피고 : P 생명보험사 & 설계사
판결선고 : 2018.8.30.
주문 : 상고를 모두 기각한다. 상고 비용은 원고가 부담한다.

1. 기초 사실

이 사건 보험계약의 보험기간은 2007.06.25.부터 피보험자가 90세가 될 때까지다. 중도해지 시 지급되는 해약환급금은 있지만, 만기에 지급되는 만기환급금이 없다.

2. 원고(보험계약자)의 주장

이 사건 보험계약에 따라 납입하는 보험료 중 해약환급금 상당액은 비용이 아니라 자산의 성격이 있어서 납입 연도의 법인세 과세표준인 소득을 산정함에 납입 보험료 중 해약환급금 상당액을 공제한 나머지 금액만 손금으로 처리할 수 있고, 그에 따라 이 사건 보험계약에 따라 납입하는 보험료 전액에 대하여 법인세 절감효과가 있는 것은 아님에도 불구하고 피고인 설계사는 이 사건 보험계약에 따라 **납입하는 보험료 전액을 전액 손비로 처리하는 것이 가능하여 법인세 절감의 효과를 거둘 수 있는 것처럼 허위로 설명하였다.**

3. 법원의 판단

① 이 사건의 보험은 **만기환급금이 없는 정기생명보험**으로서 순수보장성 보험에 해당하는 점
② 비록 이 사건 보험이 해약환급금이 인정되고 그 비율 또한 보험기간의 경과별로 정하여져 있기는 하나, 해약환급금이 보험기간 중 계속하여 적립되는 것이 아니라 보험기간 중 일정한 시점까지는 적립되다가 **그 이후부터는 점차 감소하여 만기에는 해약환급금이 0원이 되는, 다시 말하여 해약환급금이 점차적 감소하다가 소멸하는 구조로 되어 있다.**

③ 이 사건 보험계약이 피보험자는 원고의 임원으로서 그 정년 또한 전혀 정하여져 있지 아니하여, 장차 이 사건 보험계약이 중도에 해지될 것인지, 중도에 해지된다면 어느 시점에 해지될 것인지가 확실하게 예정되어 있다고 보기 힘든 점 등에 비추어 볼 때, 이 사건 보험의 경우 납입 보험료 전액이 비용의 성질을 가지고 있다고 보는 것이 타당하여 납입한 보험료 전액은 해당 **납입 연도에 바로 손금으로 처리하는 것이 가능하다 할 것이다.**

◆ **대법원 판례를 통해 본 정기보험의 비용처리 요건**

1. 만기가 정해진 순수 보장성보험일 것
2. 만기 시 해약환급금이 0원인 정기보험에
3. 전기납으로 가입한 계약일 것
4. 피보험자의 정년을 예상할 수 없어야 할 것
5. 보험계약의 중도해지 시점을 예측할 수 없어야 할 것.

9부

국세청이 권하는 상속세 절세

01 일반 서민층은 상속세 걱정 없다

02 사망하기 전 재산을 마음대로 처분하지 마라

03 증여재산공제를 활용해라

04 손주에게 상속해라

01
일반 서민층은 상속세 걱정 없다

　부모님이 돌아가시고 나면 상속을 하나도 받지 못하는 사람도 있지만, 대다수 많은 사람은 많든 적든 재산을 상속받는다. 이때 상속받은 재산에 대해 상속세를 내야 하는 건지 아니면 내지 않아도 되는지 매우 궁금할 것이다. 결론부터 말하자면 일반 서민들은 상속세에 대하여 크게 걱정하지 않아도 된다. 왜냐하면, 정부에서는 중산층의 상속세에 대한 불안감을 덜어주고 상속인의 생활 안정 및 기초생활 유지를 위하여 상속공제 제도를 채택하고 있기 때문이다. 공제해 주는 금액이 커서 상속세를 내지 않아도 된다.

🔎 상속공제

예를 들어 부모님 두 분 중 한 분이 돌아가신 경우에는 최소한 10억 원을 공제하며, 한 분만 생존해 계시다가 돌아가신 경우에도 최소 5억 원을 공제한다. 게다가 돌아가신 분이 부담해야 할 부채가 있으면 상속세 계산 시 공제한다. 그러므로 돌아가신 분의 배우자가 있는 경우 10억 원, 배우자가 없는 경우 5억 원 이하라면 상속세를 신경 쓰지 않아도 된다. 다만, 여기서 5억 원 또는 10억 원은 상속인별로 상속받은 재산에서 각각 공제하는 것이 아니라 피상속인(사망한 사람)의 소유재산 합계액에서 한 번만 공제됨에 유의하여야 한다.

🔎 1차 상속과 2차 상속

두 분 중에 한 분이 돌아가신 경우(1차 상속), 배우자 상속공제가 최소 5억 원에서 최대 30억 원까지 공제가 되어 1차 상속의 경우 일괄공제 5억 원을 포함하면 최소 10억 원까지는 세금이 없지만, 한 분만 생존해 계시다가 돌아가신 경우(2차 상속), 배우자 공제가 없어 일괄공제 5억 원만 공제받을 수 있다. 따라서 피상속인의 소유재산이 5억 원(배우자가 있는 경우 10억 원) 이상인 경우나 사전 증여재산이 있는 경우 또는 상속인 이외의 자가 상속받은 경우가 있는 경우에는 세무전문가와 상담을 해보는 것이 좋다.

예를 들어 부친의 상속재산이 35억 원이고 상속인으로 모친과 자녀 2명이 있다고 가정할 때, 먼저 모친에게는 재산을 한 푼도 상속하지 않는다고 하면 35억 원에서 일괄공제 5억 원, 배우자 공제 5

억 원을 차감하면 상속세 과세표준이 25억 원이 되며, 이에 대한 상속세는 8억 4천만 원이 나온다. 다음에 모친에게 법정 상속지분으로 상속하는 경우를 살펴보면, 법정 상속지분은 모친이 3/7, 자녀가 각각 2/7씩이므로 모친이 15억 원, 자녀가 각각 10억 원씩 상속받게 된다. 이런 경우 35억 원에서 일괄공제 5억 원, 배우자 공제 15억 원을 차감하면 상속세 과세표준은 15억 원이 되며, 이에 대한 상속세는 4억 4천만 원이 된다. 따라서 모친에게 법정 상속지분으로 상속하게 되면 4억 원이나 상속세가 절세된다.

	모친에게 상속 안 하는 경우	모친에게 법정 상속지분으로 상속하는 경우	
상속재산	35억 원	35억 원	차액
- 배우자공제	5억 원	15억 원	10억 원
- 일괄공제	5억 원	5억 원	동일
= 과세표준	25억 원	15억 원	10억 원
× 세율	40%	40%	동일
= 산출세액	8.4억 원	4.4억 원	4억 원

결론적으로 피상속인의 배우자가 있는 경우, 배우자에게 일정 부분 재산을 상속하면 상속을 전혀 하지 않는 경우보다 상속세를 절세할 수 있다.

상속세율

과세표준	세율	누진공제
1억 원 이하	10%	-
1억 원 초과 ~ 5억 원 이하	20%	1,000만 원
5억 원 초과 ~ 10억 원 이하	30%	6,000만 원
10억 원 초과 ~ 30억 원 이하	40%	1억 6,000만 원
30억 원 초과	50%	4억 6,000만 원

여기서 끝이 아니다. 우리나라의 경우 2차 상속세가 남아 있다. 향후 모친이 사망하는 경우 2차 상속세가 부과된다. 모친의 상속재산이 15억 원이고 상속인으로 자녀 2명이 있다고 가정할 때 일괄공제 5억 원을 차감하면 상속세 과세표준이 10억 원이 되며, 이에 대한 상속세는 2억 4천만 원이다.

> **상속세 및 증여세법 제3조의 2(상속세 납세의무)**
> ① 상속인(특별연고자 중 영리법인은 제외한다) 또는 수유자(영리법인은 제외한다)는 상속재산(제13조에 따라 상속재산에 가산하는 증여재산 중 상속인이나 수유자가 받은 증여재산을 포함한다) 중 각자가 받았거나 받을 재산을 기준으로 대통령령이 정하는 비율에 따라 계산한 금액을 상속세로 납부할 의무가 있다.
> ② 생략
> ③ 제1항에 따른 상속세는 상속인 또는 수유자 각자가 받았거나 받을 재산을 한도로 연대하여 납부할 의무를 진다.
> [전문개정 2015. 12. 15.]

🔭 상속세 연대납부

상속세는 연대하여 납부할 수 있다. 이를 잘 활용하면 2차 상속세를 절감할 수 있다. 자녀들이 부담해야 할 상속세를 모친이 상속받은 재산 범위 내에서 대신 납부하면 모친의 상속재산이 10억 6천만 원이 되고 동일 조건에 일괄공제 5억 원을 차감하면 상속세 과세표준이 5억 6천만 원이 되며, 상속세는 1억 800만 원이 된다. 연대납세만 잘 활용해도 1억 3,200만 원이나 상속세가 절감된다.

	연대납세를 미활용	연대납세를 활용하는 경우	
상속재산	15억 원	10.6억 원	차액 - 4.4억 원
- 배우자공제	없음	없음	
- 일괄공제	5억 원	5억 원	
= 과세표준	10억 원	5.6억 원	4.4억 원
× 세율	30%	30%	
= 산출세액	2.4억 원	1.08억 원	1.32억 원

02
사망하기 전 재산을 마음대로 처분하지 마라

　사업가로서 50억 원대 재산을 소유하고 있는 최갑부씨는 오랜 지병으로 얼마 살지 못할 것 같아 자녀들에게 부담을 주지 않기 위해 상가건물을 20억 원에 처분하여 그중 12억 원은 거래처 채무변제 및 병원비 등으로 지출하고 나머지는 4명의 자녀에게 2억 원씩 나누어 주었다.

🔍 국세청의 상속세 부과

그로부터 몇 달 후에 최갑부씨는 사망하였으며, 자녀들은 상속받은 재산에 대해서만 상속세를 신고하였다. 그런데 얼마 후 지방국세청에서 상속세 조사가 나와 상가건물 처분대금을 어디에 사용하였는지 소명할 것을 요구하였으나 자녀들은 내용을 잘 모를 뿐만 아니라 증빙도 없어 약 10억원에 가까운 상속세를 추징당하였다. 이와 같은 세금을 물지 않기 위해서는 어떻게 해야 하나?

보통의 경우 상속세는 상속개시(사망) 당시 피상속인이 소유하고 있던 재산을 상속하는 경우에만 내는 것으로 알고 있으나, 상속세 및 증여세법에서는 상속개시 전에 재산을 처분하여 과세자료가 쉽게 드러나지 않는 현금으로 상속인에게 증여하거나 상속함으로써 상속세를 부당하게 감소시키는 것을 방지하기 위하여 상속개시 전 일정 기간 내에 일정한 금액 이상을 처분하고 처분금액의 용도가 명백하지 않은 경우, 상속세를 부과한다.

🔍 상속재산으로 보는 경우

피상속인의 재산을 처분하여 받거나 피상속인의 재산에서 인출한 금액을 재산종류별로 구분하여 상속개시일 전 1년 이내에 2억 원 이상 이거나 2년 이내에 5억 원 이상인 경우로서 용도가 객관적으로 명백하지 않은 금액은 상속인이 상속받은 재산으로 본다. 1년 이내에 2억 원(2년 이내 5억 원) 여부 판단은 예금의 경우, 피상속인의 예금계좌에서 인출된 금액의 합계액에서 피상속인의 예금계좌에 재입금된 금액을 차감한 금액을 기준으로 판단하되, 예금계좌가 많은 경우에는 이를 합산하여 적용한다.

상속개시 전 처분재산의 용도를 밝혀야 하는 대상이 상속개시 전 1년 이내 2억 원 또는 2년 이내 5억 원 미만인 경우, 용도를 밝히지 않아도 된다. 다만, 1년 내 2억 원 또는 2년 내 5억 원에 미치지 못하더라도 처분대금 등이 상속인에게 증여된 사실이 명백한 경우에는 그러하지 아니한다.

- 재산종류별의 구분
· 현금, 예금 및 유가증권
· 부동산 및 부동산에 관한 권리
· 기타 재산

- 객관적 용도가 명백하지 않은 경우
· 피상속인이 재산을 처분하거나 피상속인의 재산에서 인출한 금액을 지출한 거래상대방이 거래 증빙의 불비 등으로 확인되지 아니하는 경우
· 거래상대방이 금전 등의 수수사실을 부인하거나 거래상대방의 재산 상태 등으로 보아 금전 등의 수수사실이 인정되지 아니한 경우
· 거래상대방이 피상속인과 특수관계에 있는 자로서 사회 통념상 지출 사실이 인정되지 않는 경우
· 피상속인이 재산을 처분하고 받은 금전 등으로 취득한 다른 재산이 확인되지 아니한 경우

· 피상속인의 연령. 직업. 경력. 소득 및 재산 상태 등으로 보아 지출 사실이 인정되지 아니한 경우

🔭 현실적 문제

　피상속인이 상속개시 전에 처분한 재산의 사용처를 상속인이 정확하게 밝히는 것은 현실적으로 매우 어렵다. 따라서 상속세 및 증여세법에서는 소명하지 못한 금액 전부를 상속재산으로 보지 않고, 소명하지 못한 금액에서 처분재산 가액의 20%와 2억 원 중 적은 금액을 차감한 금액을 상속세 과세 가액에 산입하도록 하고 있다. 예를 들어 처분재산 가액이 10억 원인 경우로서 소명하지 못한 금액이 3억 원인 경우, 1억 원만 상속세 과세 가액에 산입한다.

　※ 3억 - MIN(10억 × 20%, 2억) = 1억

　그러므로 상속개시 전 처분재산이 1년 이내에 2억 원 이상이거나 2년 이내에 5억 원 이상인 경우, 반드시 사용처에 대한 증빙을 확보해 두어야 한다. 특히 거래상대방이 피상속인과 특수관계에 있는 자인 경우, 금융기관을 통하여 대금을 주고받은 무통장입금증 등 객관적인 증빙을 확보해 두어야 인정을 받기 쉽다.

03

증여재산공제를 활용해라

　상속재산을 사전에 배우자나 자녀에게 증여하면 상속재산이 줄어들어 상속세를 줄일 수 있다. 그러나 증여를 하면 증여세를 내야 한다. 일정 기간 내의 증여재산은 상속세를 계산할 때 상속재산에 포함하기 때문에 증여의 효과가 없으므로 이를 충분히 검토해 본 후 증여 여부를 결정해야 한다.

🔎 증여공제를 활용

상속세 및 증여세법에서는 거주자인 수증자가 증여를 받은 때에는 다음과 같이 증여재산공제액을 과세 가액에서 공제해 주고 있다. 배우자에게 증여하면 6억 원, 직계존속(부모)과 직계비속(자녀)에게 증여하면 5,000만 원, 기타 친족은 1,000만 원을 공제해 준다. 다만, 미성년자 직계비속은 2천만 원을 공제한다. 이러한 증여는 최초 증여일로부터 10년간 합산하여 계산함에 유의해야 한다.

증여자	배우자	직계비속	직계존속	기타 친족
공제한도액	6억 원	5천만 원 (수증자가 미성년자인 경우, 2천만 원)	5천만 원	1천만 원

다만, 사망하기 전 10년 이내에 피상속인이 상속인에게 증여한 재산은 상속세 계산 시 포함하여 전액 합산한다. 합산하여 계산하면 실제 증여재산공제의 효과는 미비하다.

사례학습) 증여시점에 따른 상속세 비교

30억 원의 재산을 가지고 있는 자산가가 배우자 없이 자녀만 있다. 이 자산가가 자녀에게 증여한 5억 원의 증여 시점이 10년 전인 경우와 10년 이내인 경우의 상속세를 계산해 보면 약 2억 원의 세금 차이가 발생한다.

case1) 10년 전 5억 원 증여

상속재산은 30억 원에서 사전증여 5억 원을 차감한 25억 원이다. 여기에서 일괄공제 5억 원을 차감하면 과세표준은 20억 원이 된다. 이에 대한 상속세는 6억 4,000만 원이다.

25억 원 - 5억 원 = 20억 원
20억 원 × 40% - 1억 6,000만 원 = 6억 4,000만 원

case2) 10년 이내 5억 원 증여

상속재산은 30억 원에서 사전증여 5억 원을 차감한 25억 원이 아니고 상속개시 전 10년 이내에 증여한 재산 5억 원을 더한 30억 원이다. 여기에서 일괄공제 5억 원을 차감하면 상속세 과세표준은 25억 원이 된다. 이에 대한 상속세는 8억 4,000만 원이다. 물론 납부한 증여세는 공제해 준다.

30억 원 - 5억 원 = 25억 원
25억 원 × 40% - 1억 6,000만 원 = 8억 4,000만 원

그러므로 상속세를 적게 내기 위한 목적으로 한 증여는 빠를수록 좋다. 사망하기 10년 전 증여를 해야 상속세 절세가 가능하다.

04
손주에게 상속해라

    재산을 상속해 주고자 할 때 아들이 나이가 많거나 똑똑하지 못하여 재산을 지킬 능력이 없으면 손자가 상속을 받도록 유언을 한다. 이러한 상속을 세대생략 상속이라고 한다.

🔭 세대생략 상속

세대를 건너뛰어 자녀가 아닌 손주에게 상속하면 자녀에게 상속할 때보다 30%(상속인이 미성년자이며 상속재산 가액이 20억 원 초과할 경우 40%)를 할증하여 상속세가 부과된다. 이유는 정상적인 상속은 자녀에게 상속할 때 상속세가 한 번 부과되고 자녀가 본인의 자녀(손주)에게 상속할 때 또 상속세가 부과되지만, 할아버지가 손주에게 세대를 건너뛰어 상속하면 상속세가 한 번만 부과되므로 할증을 한다. 반면 상속이 개시된 후 10년 이내에 상속인이 사망하여 다시 상속이 개시된 때에는 재상속 기간에 따라 100%에서 10%까지 세액공제를 받을 수 있다.

그러나 상속인이 나이가 많거나 건강이 좋지 않은 경우, 할증 과세를 받더라도 세대를 생략한 상속을 해 주는 것이 유리한지, 정상적인 상속을 하고 단기 재상속에 대한 세액공제를 받는 것이 유리한지를 비교해 보고 유리한 방법을 선택하면 된다. 한편, 세대를 생략한 상속에 대한 할증 과세는 상속세 산출세액이 있는 경우에만 적용되므로 상속재산이 많지 않아 상속세가 없는 경우라면 세대를 생략한 상속도 고려해 볼 수 있다.

그러나 상속이 개시되기 전에 자녀가 사망하여 손주가 아들을 대신하여 상속을 받는 대습상속(代襲相續)인 경우, 세대를 생략한 상속으로 보지 않기 때문에 할증 과세를 하지 않는다.

🔭 상속공제 적용

상속공제는 상속인의 실제 상속재산의 한도 내에서 상속공제를 하므로 상속세 과세 가액에서 공제할 금액은 상속세 과세 가액에서 상속인이 아닌 자에게 유증 등을 한 재산의 가액, 상속인의 상속 포기로 다음 순위의 상속인이 상속받은 재산의 가액, 사전 증여재산의 과세표준에 해당하는 가액을 뺀 금액을 상속공제 한도로 하고 있다. 상속재산 10억 원을 배우자와 자녀가 상속받으면 일괄공제 5억 원, 배우자 상속공제 5억 원이 적용되어 내야 할 상속세가 없다. 그런데 상속인이 5억 원의 상속을 포기하여 손주가 상속을 받게 되면 상속공제 한도액은 5억 원으로 축소된다. 과세표준 5억 원에 대한 상속세는 9,000만 원이다. 이 금액을 30% 할증하면 상속세는 1억 1,700만 원이 된다.

	일반상속의 경우	세대 생략상속의 경우
상속재산	100,000만 원	100,000만 원
– 배우자공제	50,000만 원	50,000만 원
– 일괄공제	50,000만 원	0만 원
= 과세표준	0원	50,000만 원
× 세율		20%
= 산출세액		9,000만 원
할증 과세		30%
= 납부세액		**1억 1,700만 원**